江戸の宿場町新宿

安宅峯子

まえがき

平成十五年（二〇〇三）、東京は江戸幕府が開かれてちょうど四〇〇年という節目の年を迎えた。それを記念し、東京の各地では多彩な記念事業が催された。現代社会がさまざまな面において行き詰まりを見せているなか、こうした一連のフェスティバルには、江戸の社会に学ぼうという姿勢・意図を共通して見出すことができる。

現状に対する閉塞感から、それを打開するため、過去の歴史にさかのぼって解答・ヒントを求めようとする動きが近年各方面でみられる。こうした社会的な風潮は今後も続いていくことが予想される。例えば、政府が今後あるべき社会として目指している、持続的な経済成長を可能にする循環型社会のモデルが、江戸の社会であることは論をまたないであろう。

ところで、江戸・東京が歩んできた四〇〇年の歴史のなかで、最も変貌を遂げた町（街）が新宿であることに、異論を唱える人はあまりいないのではないだろうか。四〇〇年前には新宿という町すらなかったが、江戸の発展に合わせるかのように誕生し、その後急速な成長を遂げていった。現在では名実ともに首都東京の中心となり、東京都庁をはじめ超高層ビルが林立する町として、東京ひいては日本の発展の象徴にまでなっている。新宿が戦後の高度経済成長の象徴といわれるまでになった理由とは、一体何だったのであろうか。

今まで新宿という町はいろいろな視点から取り上げられてきた。新宿の歩んできた歴史について書かれた本も数多くある。しかし、江戸が東京になってからの一〇〇年有余の目覚ましい急成長ぶりはさまざまな視点から取り上げられ論じられてはいるものの、江戸三〇〇年の新宿が取り上げられることは今までほとんどなかった。新宿も、突然にして発展を遂げたわけではない。助走期間ともいうべき江戸三〇〇年の歩みがあったからこそ、その未曾有の発展が可能となったという側面は見逃してはならないのである。

新宿の発展が東京の発展と深く結びついている以上、新宿が歩んできた歴史を顧みることで、今日の東京の発展の理由を導き出すことも可能であろう。それは、東京の発展を可能にした基盤が江戸三〇〇年の間に形成されていったことを確認する作業にもなるのである。

東京をはじめ、現在の都市が直面している諸課題のなかで、環境問題は特に焦眉の課題となっているが、新宿というと、車から排出される大量の排気ガス、歓楽街で毎朝出される大量のゴミなど、都市の生活環境悪化のイメージを一身に負ってしまっている面は否定できない。飛躍的な発展を遂げた代償として、生活環境は悪化の一途をたどるというように、新宿は東京の発展の光の部分だけでなく、陰の部分を合わせ持った町ともいえるが、環境が悪化しているからこそ、現在環境浄化にも積極的に取り組んでいるという側面は見逃してはならない。

本書で明らかにしていくように、江戸の循環型社会において、新宿はたいへん重要な役割を果たしていた。廃棄物ゼロを目指すゼロ・エミッション社会が目指されている現代社会において、新宿という都市の歩みを環境（循環型社会）の観点から捉え直していくことは、非常に有意義な試みといえるのではないだろうか。

本書では、江戸三〇〇年の新宿の歩みをたどっていくことで、江戸開府から四〇〇年を経て、今日、新宿が未曾有の発展を遂げるにいたった理由を解き明かしていきたいと思う。

目次

江戸の宿場町新宿

序　章　江戸と新宿

新宿の歴史をひもといてみると、その前身は宿場町であった。江戸時代は、「内藤新宿」「四谷新宿」などと呼ばれていた。そもそも新宿とは、新しい宿場のことを意味する言葉である。新宿は江戸開府とともに誕生した町ではなく、それから約一〇〇年を経過して生まれた新しい宿場町であったため、新宿という名前で呼ばれた。宿場が置かれたのは、現在の新宿区新宿一〜三丁目のあたりである。新宿駅はその西側、新宿都庁街はさらにその西側にあたる（図1）。

現在、全国各地に新宿という地名は数多く残っているが、その名称は、昔は宿場町であったという由来を示している。新宿もその一つに過ぎなかったが、現在では新宿といって連想されるのは東京都の新宿であり、東京の新宿が新宿の専売特許を取ってしまっているといってもよいほどである。

宿場町というと街道を旅する旅人を宿泊させる町というイメージがあるが、当時の宿場町は単に旅人を宿泊させるだけの町ではなかった。宿場はさまざまな人々が訪れ、多様な物資が行き交う地域経済・

新宿宿場模型（新宿歴史博物館常設展示より）

かつて宿場の町並みが続いていた地域（新宿１～３丁目）

流通のセンターでもあった。地域の人々にとっては、そこに行けば物資だけでなく、情報・文化も得られる、地域生活の最先端をいく町でもあった。

さらに、江戸の出入口に位置する宿場町の一つであった新宿の場合、その地域の中心であるだけでなく、江戸の影響を大きく受けていた町でもあった。江戸が世界一の人口を抱える大都市に発展していくのに合わせて、経済的な面でも、それ以外の面においても、急速に成長していった新興の都市だったのである。

本書ではまず、新宿が急速な発展を遂げた理由を解き明かす方法として、五街道の起点・江戸日本橋を出発して新宿を最初の宿場町としていた甲州街道の存在に注目したい。甲州街道は全長二二〇キロメートルの道のりで、沿道には内藤新宿から信州下諏訪宿まで四五の宿場があった（図2）。現在でも、甲

図1　新宿周辺地図（四谷4丁目交差点～新宿3丁目駅あたりがかつての内藤新宿）

州街道は一般国道二〇号として東京の物流を支える主要道路であるが、それは江戸以来のことであった。江戸開府以来、甲州街道は他の五街道とともに江戸の物流を支える道路であり続けたのである。

現代でも新しい駅ができると周辺が大きく変わっていくように、江戸開府から約一〇〇年を経た元禄のころ、新宿という宿場町が誕生したことは、周辺地域を大きく変えていった。交通手段が徒歩と馬に

現在の甲州街道（日本橋から8キロ＝2里の地点）

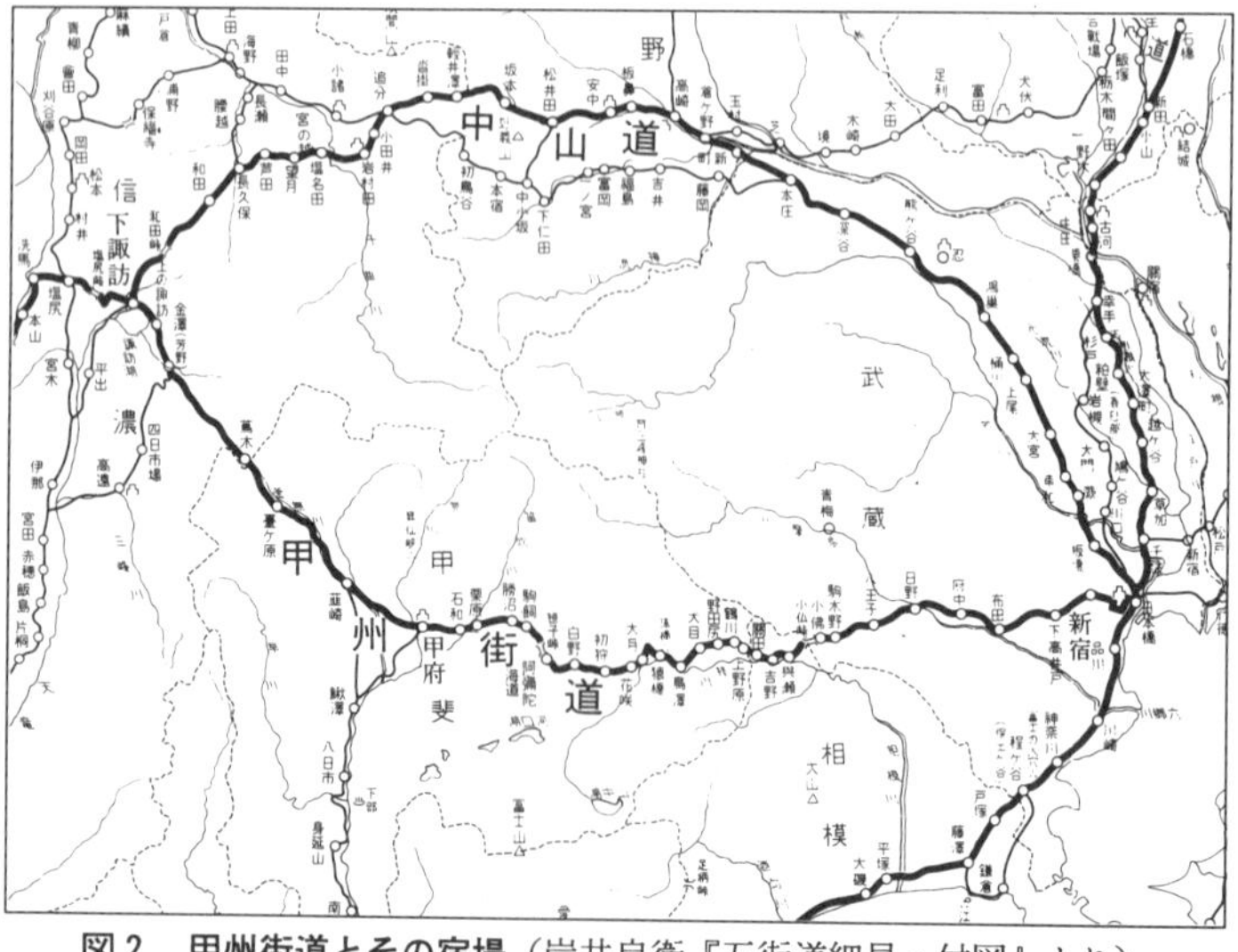

図2　甲州街道とその宿場（岸井良衛『五街道細見・付図』より）

限られていた当時、街道沿いに約二里（八キロメートル）間隔に置かれた宿場の果たす役割には、非常に大きいものがあった。

宿場の果たした役割のうちでも、街道を通って送られてきた物資を次の宿場まで中継する役割は重要であった。新宿は江戸に近い宿場であったため、宿泊客はそれほど多くなかった。むしろ、甲州街道を通って運ばれる物資を中継・仲介することで発展してきた町だったが、大消費都市である江戸に近いため取り扱う物資の量が莫大であったことが、その発展の大きな基盤になっていた。

すなわち、新宿は江戸の物流を支えた甲州街道を通じて発展していった町なのであり、新宿の歩みを振り返るうえで甲州街道の存在は無視できない。交通手段が大きく変わった現代においても、甲州街道が東京の物流を支えていることに変わりはないといえよう。

それと同時に、新宿という町は、地方から江戸へ、あるいは江戸から地方へといった一方通行型の物流を仲介・中継するだけでなく、江戸と地方の間を循環する物資を仲介・中継する役割も果たしていた。新宿とは甲州街道を通して江戸の社会経済システムの一翼を担っていただけでなく、そのシステムに組み込まれていた江戸の循環型社会を支える町でもあった。

当時の江戸が一〇〇万人以上の都市住民を抱える世界最大級の都市であったことはよく知られている。当然、排出される廃棄物（ゴミ）は膨大な量に及んだが、その大半は江戸湾に運ばれ埋立てに使用されていた。当時の処分方法は焼却せずに埋め立てるのみであったが、現代とは違い、埋立てのペースはゆっくりとしたものであった。

しかし、平成にいたる一〇〇年で埋立てのペースは加速度的に速まり、現在では、東京のゴミの最終処分場が満杯になるまで一〇年ほどしかないのが現状である。約三〇〇年の長きにわたって焼却処分もせず、埋め立てるだけで済んでいた江戸とは対照的といえよう。この差は、江戸ではリサイクルのシステムが有効に機能していたことからくるが、新宿はそのリサイクルシステムにおいて重要な役割を果たしていたのである。

新宿には、再利用可能な廃棄物（循環資源）を回収・販売する人たちが数多く住んでいた。彼らは江戸という大都市が排出する廃棄物を回収し、各地方から甲州街道を通ってやって来る人々に販売することを生業としていた。逆に、地方の人々から回収した循環資源を、江戸のリサイクル業者に卸すことも当然あったと思われる。

江戸の高レベルのリサイクルシステムは、江戸の町だけで完結するものではなかった。どうしても江戸の町だけでは処理（循環）し切れない廃棄物もあったが、それを新宿など近郊の宿場町が江戸以外の地域に販売することで、リサイクルシステムの機能不全を未然に防いでいたのである。

このように、江戸の町と周辺地域の間で再利用可能な廃棄物が循環するのを仲介していた新宿は、江戸の循環型社会が機能していくうえで、なくてはならない役割を果たしていた。新宿は江戸の物流の一翼を担うだけでなく、江戸の循環型社会を支えることで、持続可能な発展を遂げていたといえる。

第一章　徳川家康と江戸の道路行政

一　甲州街道と江戸

家康の江戸入城

天正一八年（一五九〇）七月五日、小田原城を本拠として関東を支配し続けた北条氏政・氏直父子は、天下統一を掲げる豊臣秀吉に降伏し、戦国大名後北条氏は五代にして滅んだ。秀吉は戦後処置として、徳川家康の領国・三河国など五か国を取り上げ、代わりに後北条氏の旧領地を与えた。家康は家臣団を率いて太田道灌が築城した江戸城に入り、江戸を本拠地と定めた。

当時の江戸は寂れた漁村であったと、従来いわれてきた。ところが、近年の研究によって、後北条氏の時代から、すでに関東の陸上・水上交通の要衝として繁栄を遂げていた城下町であったことが明らかにされている。品川湊なども遠く伊勢地域とも物資の交流があり、上方からも商船が寄港する港町として賑わっていたという。江戸は関東を治める地として、むしろ適していた場所だったのである。

関東の領主となった家康は、徳川四天王と呼ばれた井伊直政・本多忠勝・榊原康政など大名クラスの家臣には、江戸から遠く離れた要衝の地に城と領地を与え、周辺の有力大名に備えさせている。一方、江戸から一泊二日の距離にある武蔵・相模国など近隣の地には、旗本クラスの家臣に所領を与えて備えた。所領とは別に、大名・旗本クラスの家臣には江戸城下に居住する屋敷地を与えたが、家康の跡を継いで二代将軍となる徳川秀忠の側近く仕えていた重臣の内藤清成と青山忠成には、江戸城西方の地に特に広大な屋敷が与えられた。内藤と青山の二人は、家康が江戸に入る前、先払いとして江戸城周辺の調査などに奔走したが、その功績に報いたものといわれる。

内藤の屋敷地は、現在の新宿御苑を中心に、約二〇万坪以上の広さがあったという。家康は鷹狩りを好んだことで知られるが、内藤は家康の鷹狩りに同行した際、白馬で一周できる範囲の土地を与えるといわれ、この二〇万坪以上にも及ぶ屋敷地を拝領することになったと伝えられている。青山忠成に与えた屋敷は、現在の港区青山のあたりにあったが、青山家にも同じような伝説が伝えられている。青山という地名は、青山の屋敷が置かれていたことから命名されたという。

しかし、両名に恩賞として与えられた新宿と青山は、江戸城の防衛という観点からみると、軍事的に重要な意味を持っていたのである。

江戸の防衛体制

家康は、谷が武蔵野台地に複雑に入り込むという自然の地形をうまく利用し、江戸城を築いていった。要所には四谷見付（御門）、赤坂見付（御門）など見張所としての見付を置いたが、江戸城を取り巻く地形を東西南北に分けて見てみると、江戸の北と南は比較的深い谷で区切られており、東は海に面していた。ところが西は武蔵野台地がなだらかに続くのみで、防衛上手薄であった（図3）。

そのため、内堀の外に長大な外堀を築いて、江戸城西方の防衛線の要とすることとなった。内堀と外堀に挟まれた現在の千代田区麹町・番町地域には、旗本の精鋭を集中的に住まわせた。外堀の外側に展開する現在の新宿区四谷・新宿、港区青山地域には、旗本・御家人のほか、戦場で大きな力を発揮する鉄砲組・弓組などの軍団、諜報活動などに係わる伊賀者の軍団が重

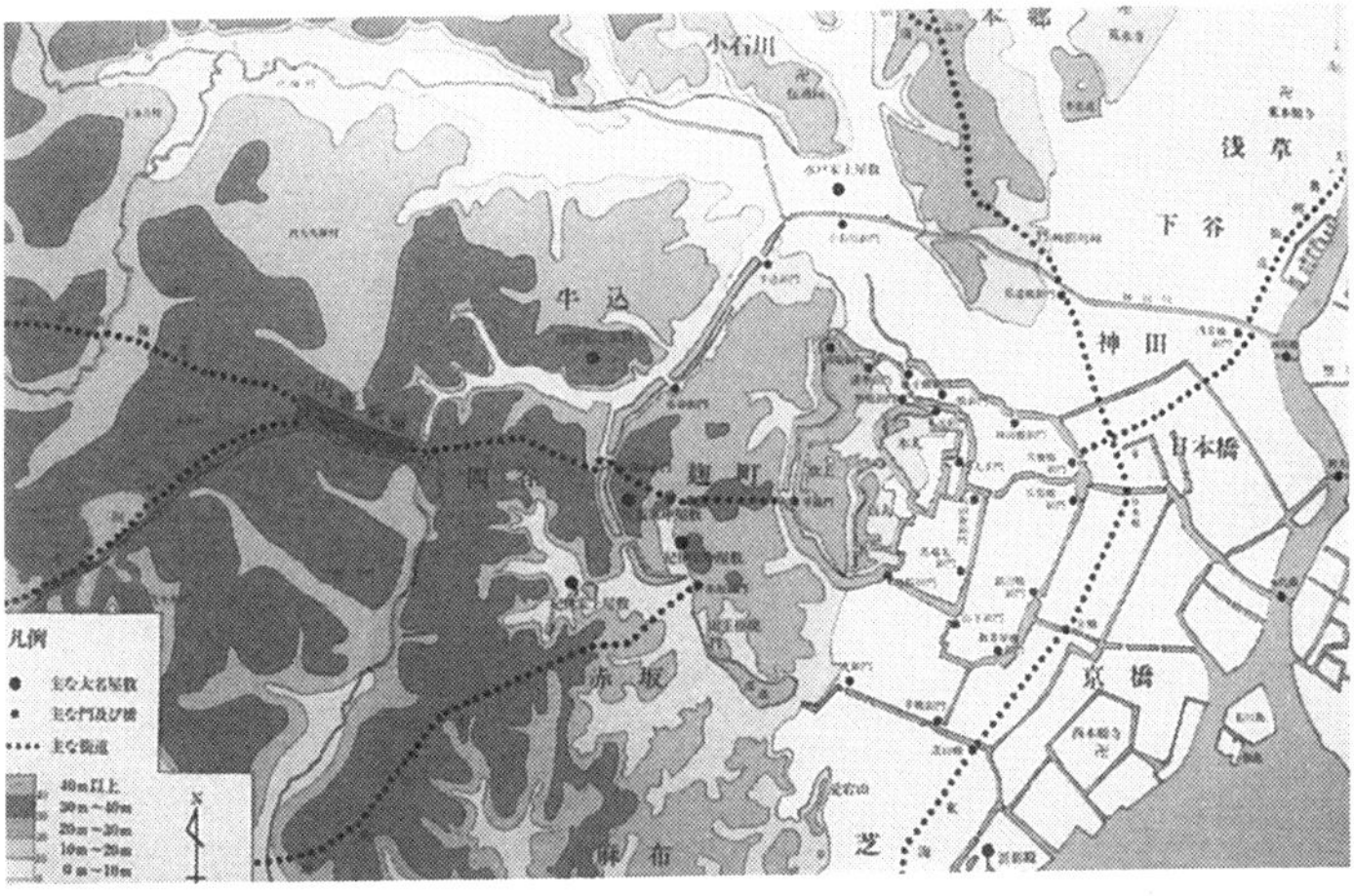

図3　新宿周辺の地勢図（図の中央を甲州街道が走る。内藤新宿を過ぎると南西に向かう）

点的に配置された。秀忠の側近である内藤が家康から拝領した広大な屋敷もこの周辺にあたる。青山の屋敷はそれより少し南方にあたる。

江戸城の西方には地形上の問題もあって軍事力を集中させていたわけであるが、その真ん中を東西に走っていたのが、江戸と甲斐国（甲州）を結ぶ甲州街道であった。つまり、麹町にしても、四谷・新宿にしても、甲州街道沿いであり、この街道を中心に旗本・御家人がびっしりと配置されていたことになる。江戸城の西方が防衛上手薄であったことはもちろん、甲州街道が徳川氏（幕府）にとって重要な道路であったことを、この軍事的な配置は何よりも示している。

甲州街道が設置されたのは、正式には慶長七年（一六〇二）のことと伝えられている。しかし、それは五街道の一つとして改めて設定されたに過ぎず、それ以前から甲州街道が開かれていたことはいうまでもない。

この配置を踏まえたうえで、内藤と青山が広大な屋敷地を与えられた意味を考えてみる。この二人は、家康の後継者である秀忠の側近であったが、一時は関東総奉行という幕府の重職に就いており、最高行政官として権勢をふるっていた。すなわち、政治面だけでなく、軍事面でも秀忠を補佐して、江戸城西方の防衛にあたらせようという腹積もりから、家康は内藤と青山に、甲州街道近辺に広大な屋敷地を与えたのではなかろうか。それはこの二人が、麹町・四谷・新宿・青山地域に展開する旗本・御家人の精鋭軍団を統括する立場に立つことを意味するが、例えば、現在の新宿区百人町の地に置かれていた大久

日本橋（「日本橋」のプレートの下の橋が日本橋）

四谷見付跡（四谷御門周辺）

保鉄砲百人組は、内藤の直属下にあった。

内藤や青山が拝領した広大な屋敷地は、江戸が城下町として整備されていく過程で、他の旗本や御家人の屋敷地に徐々に変わっていく。内藤家が新宿の地に拝領した屋敷は幕末には六万坪程度に減るが、信州高遠藩内藤家三万五〇〇〇石の江戸中屋敷であることに変わりはなく、幕府の終焉を迎える。

四谷の大木戸

五街道の起点は、江戸日本橋である。日本橋から、服部半蔵が建設したことで知られる半蔵門に出て内堀を越えると、そこは旗本の屋敷が集中する麹町地域である。四谷御門・見付を出て、外堀を越えると、同じく旗本や御家人の屋敷が集中する四谷・新宿地域が広がる（図4）。四谷御門から一キロほど甲州街道（現在の新宿通り）を進むと、現在の四谷四丁目あたりで外苑西通りに突き当たる。このあたりにかつては大木戸（四谷大木戸）が設けられていた（図5）。

四谷大木戸は元和二年（一六一六）に設置され、甲州街道を通って江戸に入る旅人や物資の検査をおこなっていたが、ここには番屋が置かれていた。寛政四年（一七九二）に番屋は取り壊され、代りに石垣が築かれた。現在は史跡が立つのみである。

四谷と新宿はこの四谷大木戸で区切られ、内藤清成が拝領した屋敷は四谷大木戸の外に広がっていた。内藤家の屋敷のうち甲州街道に面していた地所が、元禄以降、内藤新宿という宿場町になるのである。

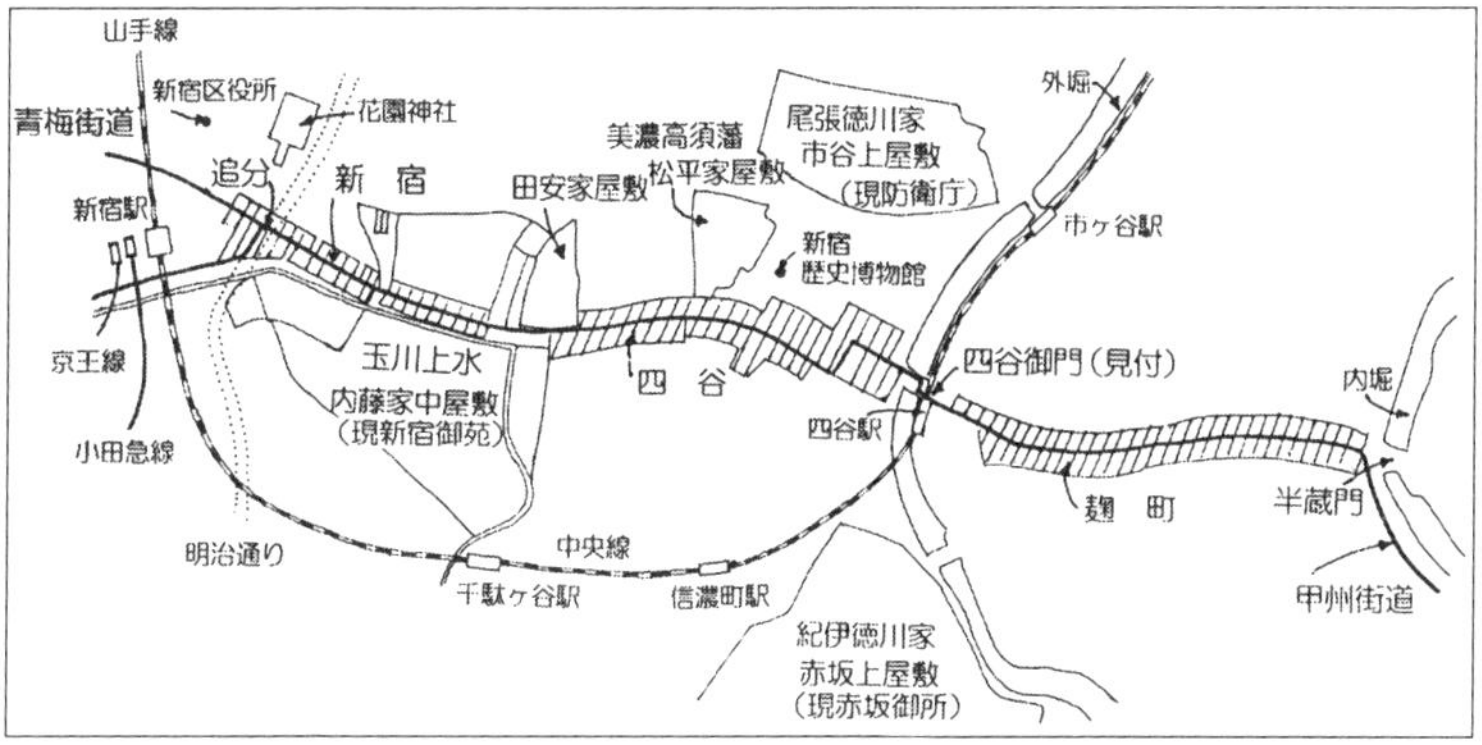

図４　麹町～新宿の周辺略図

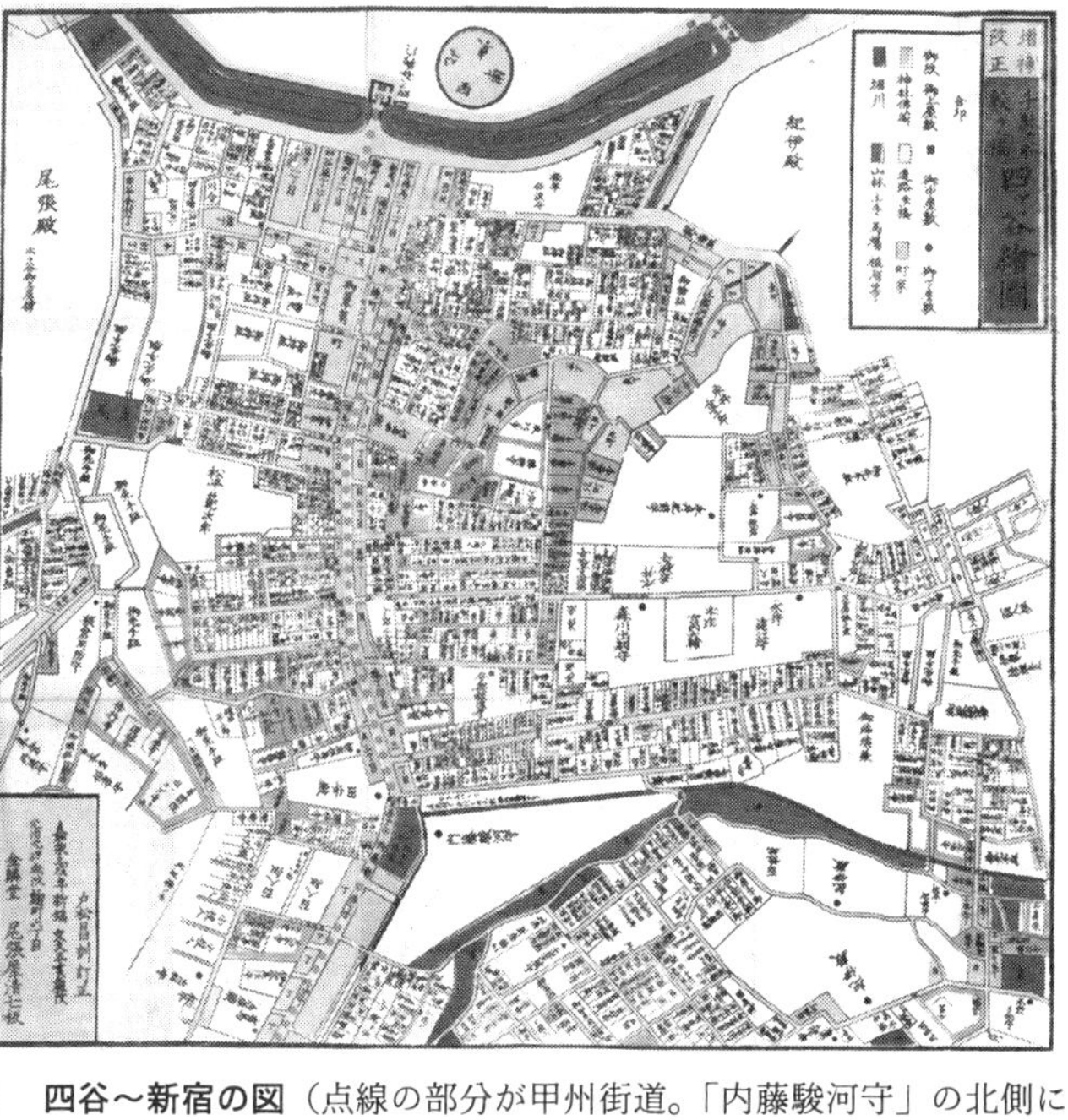

図５　四谷～新宿の図（点線の部分が甲州街道。「内藤駿河守」の北側にある「大木戸」が四谷大木戸）

四谷大木戸の碑

四谷大木戸を出ると、そこから街道の両側に宿場町の町並みが続いていく。

新宿を過ぎると、現在は地下鉄新宿三丁目駅・伊勢丹百貨店などがある「追分」から、道は甲州街道と青梅街道の二つに分かれる。追分とは、道が左右に分かれる分岐点を意味するが、まさに、言葉どおりの場所である。その近くには、新宿の総鎮守である花園神社が鎮座している。甲州街道は、追分を少し左に曲がって南寄りに下っていくが、青梅街道はほぼまっすぐに西に向かう。

青梅地域は、後北条氏時代から、城の白壁に塗る白土の原料となる石灰の産地として知られていた。青梅街道も、江戸城の建設に必要な石灰（白土）を運ぶ道として、幕府にとっては重要な街道であったが、社会が安定していくにつれ、甲州街道とともに江戸の産業道路の基幹となっていく。甲州街道の裏街道とも呼ばれた青梅街道は、さらに西に向かうと、大菩薩峠など奥多摩の山中を越えて甲斐国に入る（むしろ、青梅街道が甲斐国に至る本街道という説もある）。現在の国道四一一号線がそれにほぼ該当する。

郵便はがき

料金受取人払

麹町局承認

6253

差出有効期間
平成17年7月
30日まで

102-8790

104

東京都千代田区飯田橋4-4-8
東京中央ビル406

株式会社 **同成社**

読者カード係 行

ご購読ありがとうございました。このハガキを小社へのご意見・ご注文にご利用下さい。また、ご投函下さった方には今後の出版のご案内をさせていただきます。

お名前《ふりがな》　　　　歳　　男・女

〒　　　　TEL

住所

ご職業

お読みになっている新聞名・雑誌名

〔新聞名〕　　　　〔雑誌名〕

お買上げ書店名

〔市町村〕　　　　〔書店名〕

愛 読 者 カ ー ド

お買上の
タイトル

本書の出版を何でお知りになりましたか？

イ．書店で　　ロ．新聞・雑誌の広告で（誌名　　）

ハ．人に勧められて　　ニ．書評・紹介記事をみて（誌名　　）

ホ．その他（　　）

この本についてのご感想・ご意見をお書き下さい。

注 文 書

年　月　日

書　名	本体価格	冊　数

★お支払いは代金引き替えの着払いでお願いいたします。また、注文書籍の合計金額（本体価格）が10,000円未満のときは荷造送料として380円をご負担いただき、10,000円を越える場合は無料です。

同成社江戸時代史叢書

〒102-0072 東京都千代田区飯田橋4-4-8 東京中央ビル
Tel.03-3239-1467 Fax.03-3239-1466 振替00140-0-20618
http://homepage3.nifty.com/douseisha/ E-mail:douseisha@nifty.com
2004.4（表示価格は税込）

①江戸幕府の代官群像
村上　直著
四六判　二六六頁　二三四四円

江戸時代史研究の第一人者である著者が、特定の郡代・代官に視点を据え、江戸幕府の地方行政官たちが、殖産興業を含めた民政をどのように推し進めていったのかを明らかにしていく。

②江戸幕府の政治と人物
村上　直著
四六判　二六六頁　二四一五円

幕府の政治方針はどのようなしくみで決定され、そして直轄領や諸藩の庶民に浸透していったのか。本書は、江戸幕府の政治とそれを担った人々を将軍や幕閣と地方行政の面から考察する。

③将軍の鷹狩り
根崎光男著
四六判　二三四頁　二六二五円

江戸幕府の将軍がおこなった鷹狩りを検証し、政治的儀礼としての色彩を強めていった放鷹制度や、それを通じて築かれた社会関係の全体的輪郭と変遷を描き出した、いわば鷹狩りの社会史である。

④江戸の火事
黒木　喬著
四六判　二五〇頁　二六二五円

火事と喧嘩は江戸の華。世界にも類を見ないほどに多発した火災をとおして、江戸という都市の織りなす環境、武士の都としての特異な行政、そしてそこに生きる江戸市民の生活を浮き彫りにする。

⑤芭蕉と江戸の町
横浜文孝著
四六判　一九四頁　二三一〇円

延宝八年（一六八〇）秋、芭蕉は深川に居を移す。諸説と異なり、その事情を火災に見出す著者は、災害をとおしてみた江戸を描くことによって、芭蕉の深層世界に迫ろうと試みる。

⑥宿場と飯盛女
宇佐美ミサ子著
四六判　二三四頁　二六二五円

江戸時代、宿場で売娼の役割をになわされた飯盛女（めしもりおんな）たち。その生活と買売春の実態に迫り、彼女たちが宿駅制の維持にいかに利用されたのかを「女性の目線」からとらえる。

⑦出羽天領の代官
本間勝喜著
四六判　二四二頁　二九四〇円

江戸幕府の直轄領として最遠の地にあった出羽天領。ここにも名代官、不良代官、さまざまな代官がいた。彼らの事績をたどり、幕府の民衆支配の実態に迫る。

⑧長崎貿易
太田勝也著
四六判　二九〇頁　三一五〇円

鎖国政策がしかれていた江戸時代において海外との窓口の役割をになった長崎の貿易の実態を探ることにより、江戸時代を商業政策や対外貿易政策の側面からとらえ直す。

⑨幕末農民生活誌
山本光正著
四六判　二五八頁　二九四〇円

江戸時代から明治時代にかけて書きつがれていった、大谷村（現千葉県君津市）のある農家の「日記」をとおし、幕末の農村に暮らす人びとの信仰、旅、教育などの生活風景を描き出す。

⑩大名の財政
長谷川正次著
四六判　二八〇頁　三一五〇円

参勤交代による出費など、大名の財政は藩の大小を問わず厳しいものであった。本書では、信濃国高遠藩の事例を取り上げ、いかに財政難に対処したのかを検証し、大名の経済事情を明らかにする。

⑪幕府の地域支配と代官
和泉清司著
四六判　二八二頁　三一五〇円

近年著しい進展をみせる代官研究の成果のうえに、幕府成立期から幕末までをとおして、全国に展開した幕領とそれを支配した代官を通覧し、近世における地方行政の全体像を構築する。

⑫天保改革と印旛沼普請
鏑木行廣著
四六判　二四二頁　二九四〇円

天保期の大事業、印旛沼堀割普請について書き残された日記を元に、普請に関わった役人や人夫、商売人などさまざまな階層の人びとの生活を描くことにより、当時の社会像を浮かび上がらせる。

⑬江戸庶民の信仰と行楽
池上真由美著
四六判　二二四頁　二四一五円

江戸時代後期に起こった空前の旅ブームのなかで、江戸の庶民は、遠くは伊勢に、近くは大山や江の島に参詣の小旅行に出かけた。彼らはどんな意識で、どんなスタイルの旅を楽しんだのだろうか。

⑭大名の暮らしと食
江後迪子著
四六判　二四〇頁　二七三〇円

江戸時代、大名たちの食卓は想像以上に豊かなものだった。魚介類、野菜類、そして肉類、さまざまな食材に彩られた。薩摩藩・島津家にのこる諸史料から、彼らの暮らしぶりの諸相にせまる。

⑮八王子千人同心
吉岡孝著
四六判　二〇八頁　二四一五円

近世を通じて百姓と武士の中間にあった八王子千人同心たち。幕末期に新撰組発祥の母体となり、身分制社会克服のさきがけともなったかれらの一種特異なその実像を、史実にもとづき抉り出す。

⑯江戸の銭と庶民の暮らし
吉原健一郎著
四六判　二二〇頁　二三一〇円

全国共通の貨幣制度が施行された近世、庶民は現代と同じようにインフレ・デフレに悩み、生活は銭相場の動向に大きく翻弄された。近世を通じての銭相場の変動から庶民生活の実態を追究する。

⑰黒川能と興行
桜井昭男著
四六判　二四二頁　二七三〇円

出羽国黒川村に伝わり、現代まで約五百年にわたり受けつがれてきた黒川能の歴史をたどりながら、近世における興行のあり方を追究し、黒川の人々が芸能をいかに捉え向き合ってきたかを考察する。

⑱江戸の宿場町新宿
安宅峯子著
四六判　二〇〇頁　二四一五円

江戸の発展に合わせるように誕生し、流通の要所として成長をつづけた江戸四宿のひとつ宿場町新宿。本書では、その歴史を経済・環境・リサイクルなどの観点から解き明かす。

江戸の軍事道路

新宿追分から甲州街道を二里（八キロメートル）ほど行くと、高井戸宿（現杉並区上・下高井戸）に入る。この周辺にも、旗本や御家人の所領が集中的に配置されていた。その後、国領・布田・石原宿（現東京都調布市）、府中宿（同・府中市）、日野宿（同・日野市）と続いていくが、同じく旗本や御家人の所領が配置されていた。

この甲州街道沿いの多摩地域は、近藤勇・土方歳三ら新撰組ともゆかりのある地域である。近藤は上石原村の出身であり、土方は日野宿近くの生まれである。慶応四年（一八六八）三月一日、甲陽鎮撫隊を率いて甲府城に向かうことになった近藤が、この日、宿泊した新宿の町で大宴会を開いていることはよく知られている。翌二日、新宿を出発して甲州街道を西に向かった近藤らは、今度は日野で熱烈な歓迎を受け、甲府に向かった。しかし、近藤らが到着する前に新政府軍が甲府に入ってしまい、同六日、甲州街道勝沼宿（現山梨県勝沼町）で甲陽鎮撫隊は大敗を喫する。近藤らは、今度は甲州街道を東に向かい、江戸に敗走するのである。

日野宿を過ぎると、多摩地域の要衝であった八王子横山宿（現東京都八王子市）があらわれる。

八王子は、後北条氏時代から、四代目当主北条氏政の弟氏照が城将として守るほどの重要な拠点であった。天正一八年の秀吉による北条攻めの際には、その命を受けた前田利家や上杉景勝の攻撃を受け、落城している。その後、家康は八王子を支配下に置くが、特に八王子やその周辺には甲州武田氏の旧家臣を千人組同心として土着させていた。

八王子宿を過ぎて甲州街道をさらに西に向かうと、山道に入り、難所の小仏峠に突き当たる。その後、甲州街道は甲府盆地に入るまで、山道が多くなるという地勢になっている（図6）。

家康が八王子に千人組同心を土着させた理由の一つに、豊臣秀吉により滅ぼされた北条氏の遺臣が、新領主の家康に抵抗して蜂起するのを恐れたからであるという言い伝えがある。また、『桑都日記』を見ると、西から江戸に向かって大軍が攻め上ろうとしても、八王子に千人組同心がいれば、小仏峠を死守して三日は持ちこたえるであろう。その間に、府中宿近くの多摩川に軍勢を集結させれば、多摩川を突破されて江戸に攻め込まれることはないという家康の深謀遠慮が記録されている。

家康が江戸城に入ったころ、甲府城には秀吉の養子

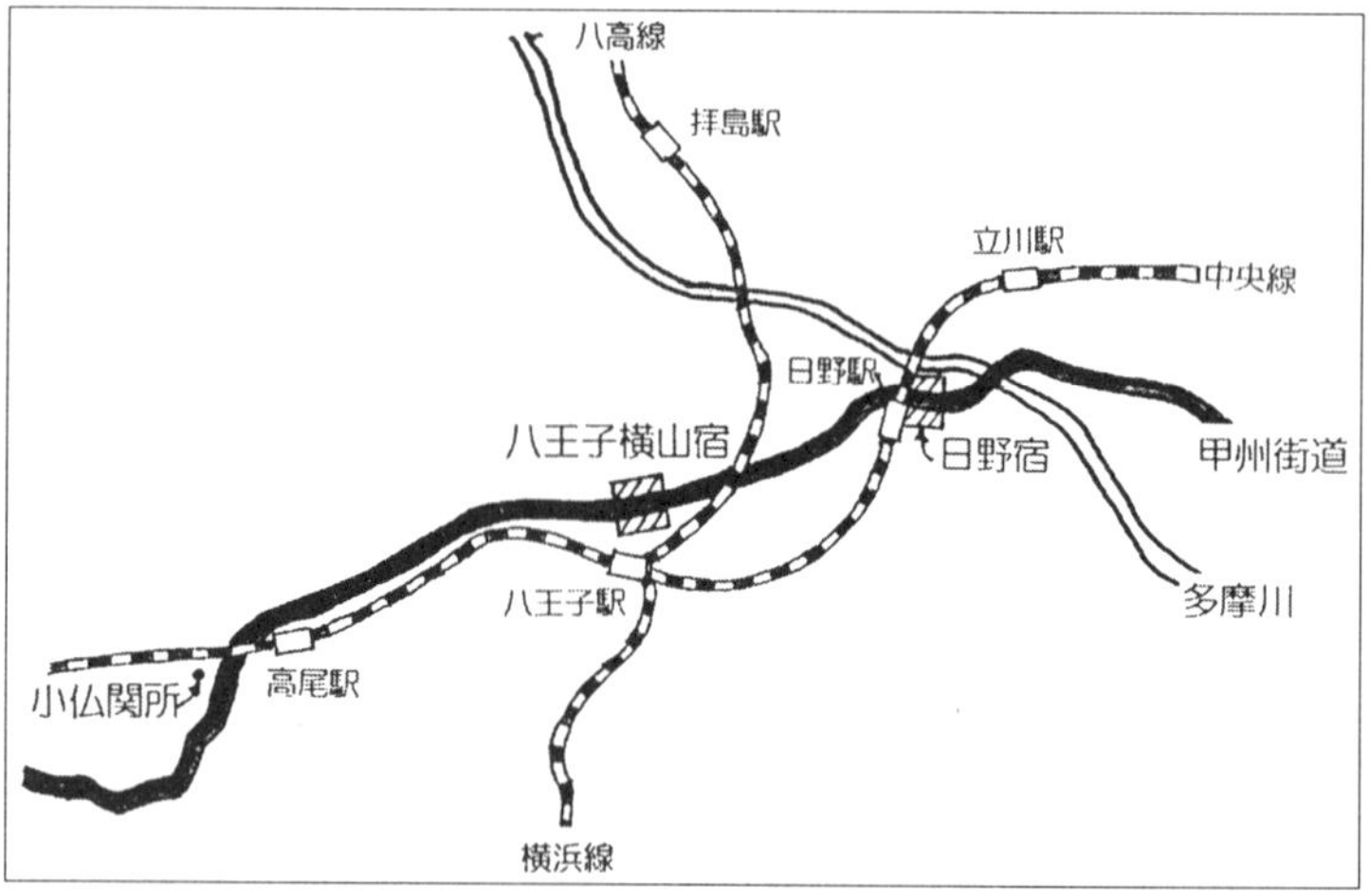

図6　八王子の周辺略図

である羽柴秀勝が入り、後には秀吉の重臣浅野長政が城主となっている。甲斐国に最も信頼する家臣を置いて家康を関東に封じ込めようとする秀吉の狙いが読み取れる。これに対抗するという意図も、家康には当然あっただろう。八王子への千人組同心の土着には、北条氏旧家臣の不満分子を抑えるとともに、甲州口の警備、秀吉の侵攻に備えようという家康の狙いが込められていたのである。

ここまでは、家康が関東八か国の領主であった時代の話であるが、家康が関ヶ原の戦いで勝利をおさめ、天下の覇権を握って再び甲斐国を手に入れると、腹心の平岩親吉を甲府城代として送り込んでいる。甲斐国は山や谷が多く、守るに易く攻めるに難い、まさに天険要害の地であった。そのため、江戸城を放棄しなければならなくなった時は、甲斐国に撤退して立て籠る構想が家康にはあったと伝えられている。その場合、甲州街道は甲府城への退路ということになる。再起を期して、江戸に攻めのぼる時は進撃路となる。

このように、江戸と甲斐国を結ぶ甲州街道は、徳川氏（幕府）にとって重要な軍事道路であった。江戸から八王子まで、甲州街道沿いにびっしりと軍事力を集中させたことは、そのことを何よりも示している。

しかし、幕府の礎が固まって社会が安定し、江戸が全国の政治・経済・文化の中心都市として発展していくにつれ、甲州街道も軍用道路から産業道路に性格を変化させていく。そのようななか、内藤新宿が五街道最後の宿場として誕生するわけであるが、それを見る前に、全国レベルで整備されつつあった江戸の交通行政を一覧しておきたい。

二　交通行政の整備

五街道の設置

慶長五年（一六〇〇）九月一五日、家康は石田三成を謀主とする西軍を関ヶ原の戦いで破り、天下人に向かって大きく前進する。三年後の慶長八年二月一二日、家康は朝廷から征夷大将軍に任命され、江戸に幕府を開くことになる。徳川氏は全国支配者としてその礎を着々と固めていくが、道路行政は江戸開府に先行して進められていた。

関ヶ原の戦いからわずか三か月後の慶長六年正月、家康は江戸と京都を結ぶ東海道沿いに置かれた宿場に対し、一日あたり馬を三六疋ずつ提供することを命じている。これが伝馬制度で、公用の荷物を宿場から次の宿場へとリレー方式でつなぐことで迅速に運搬することを狙ったのである。各宿場で公用のための馬を提供する役務は「伝馬役」と呼ばれていたが、この伝馬役こそ、幕府の交通行政の根幹をなすものであった。

伝馬役を負担する者に対しては、その代償として、一定の面積の土地が課税の対象からはずされた。江戸を出て最初の宿場である品川宿の場合、伝馬役に応じて五〇〇〇坪が免税地となっている。その後、交通量の増加に伴い、東海道の各宿場が提供する馬の数が一日あたり一〇〇疋に増やされたため、免税地は三倍の一万五〇〇〇坪に増えている。なお、このころ、宿場は馬だけでなく、荷物を運ぶ人足の提供も命じられるようになっていた。この役務は、「歩行（人足）役」と呼ばれた。

翌慶長七年には、山間部を通って江戸と京都を結ぶ中山道が設定された。その後、日光街道、甲州街道、奥州街道も次々と設定され、ここに五街道が成立する。東海道の宿場は一日あたり人足一〇〇人と馬一〇〇疋、中山道は人足五〇人と馬五〇疋、他の三街道は人足二五人と馬二五疋を公用通行者に提供することが、幕府から義務づけられていた。

慶長八年には、日本橋が架けられ、全国の街道の起点となった。五街道は日本橋から放射状に広がっている。翌九年には、一里（約四キロメートル）ごとに一里塚を築くことが命じられている。一里塚には、主に榎や松の木が植えられていた。

幕府の交通行政を地域レベルで担っていた宿場は、約二里ごとに置かれた。五街道のほとんどの宿場は江戸初期に成立していたといわれているが、唯一の例外、つまり最後に設けられたのが甲州街道の内藤新宿だった。

道中奉行と伝馬町

幕府のなかで、交通行政を担当したのは道中奉行所であった。江戸時代初期は、老中や勘定奉行などが合議して交通行政にあたっていたが、万治二年（一六五九）に専任の役職である道中奉行が置かれ、本来は諸大名の監察を任務とする大目付の高木守久が奉行を兼務している。元禄一一年（一六九八）には、勘定奉行松平重良も道中奉行を兼務するようになり、ここに道中奉行は大目付と勘定奉行が一名ずつ兼務する体制が整った。

二人の道中奉行の下では、勘定奉行配下の勘定吟味役と勘定組頭が交通行政の実務を取っていた。そのため、勘定奉行兼務の道中奉行の方が実権を持ち、主導権を握っていたようである。道中奉行はすべての街道と宿場を支配下に置いていたのではなく、幕府にとって重要な五街道とそれに付属する街道と宿場を支配下に置いていた。

道中奉行の指令のもと、全国の街道筋に置かれた宿場は、人馬の提供といった宿駅業務を果たしていたのだが、江戸で宿駅業務を担っていたのは、日本橋近くに位置する大伝馬町（現中央区日本橋本町・大伝馬町）・南伝馬町（現中央区京橋）・小伝馬町（現中央区小伝馬町）の三つの町から構成される伝馬町であった。大伝馬町と南伝馬町は、江戸市中の荷物を各街道の最初の宿場まで運ぶ役務を果たしていた。届け先が江戸の範囲内であれば、小伝馬町がその役務を果たした。

公用通行

宿場というのは本来、幕府の役人など公用で通行する者に、馬や人足、あるいは宿泊所・休憩所を提供するために設けられたものである。そのため、公用通行者やその荷物をまず優先・優遇するのが、幕府の交通行政のすべての基本となっていた。甲州街道の場合、公用通行としては、八王子千人組同心の通行や、府中産の瓜を江戸城に運ぶ御用などがあった。参勤交代で甲州街道を利用する大名は信州高遠藩主内藤家・諏訪高島藩主諏訪家・飯田藩主堀家の三家にすぎず、幕府役人が公務で通行することが多かった街道といえよう。

朱印状や老中などが発給した証文を持参している者は、そこに書かれた人馬の数だけ、次の宿場まで無賃で使用することができた。ただ、公用通行者がすべて無賃で使用できたわけでなく、幕府が定めた賃銭を支払う場合もあった。それは「御定賃銭」と呼ばれたが、相場よりもかなり低額に抑えられていた。それ以外の場合は、人馬の雇い主と相対で決めた賃銭を使用者が支払うことになっていた。これは「相対賃銭」と呼ばれ、御定賃銭の二倍が相場であった。

相対賃銭ではなく、無賃や低額の御定賃銭が適用される公用通行に人馬を提供することは、宿場にとっては最初から赤字の覚悟が求められていた業務だったのである。その代償として、屋敷地が免税地とされるなどの優遇策が取られていたが、時代が下るにつれて公用通行量が増加していくと、その程度の優遇策ではとても宿場を運営していくことは困難だった。

そのうえ、宿場は公用通行者に対しては、人馬のほか宿所も、宿内の旅籠屋を御用宿として提供する義務があり、宿泊料金も低く抑えられていた。料金を払うのはまだよく、何かと理由を付けて踏み倒される例も多かったようである。結局、宿場が何らかの形で補助しなければならず、人馬の提供の場合と同じく、宿場の財政を悪化させる大きな原因となっていた。そのため、幕府はさまざまな形で宿場の助成を試みている。

宿場への助成

宿場への助成策としては、拝借金を下げ渡すほか、ある程度の公金を貸付資金として預ける方法が取られた。宿場が幕府拝借金を元金として貸付をおこない、その利金を宿場運営費の補塡に充てたのである。幕府の許可を得て、何年間と期間を定めて御定賃銭を何割増かにすることで、増額分を宿場運営費に組み入れる方法も取られていた。しかし、一番望ましいのは、一般の旅人ができるだけ多くその宿場にやって来て、金を落としていくことであった。

そのあたりの事情は第四章で詳しく見ていくが、つまるところ、宿場の存続はこの集客力にかかっていたため、宿場が遊興の町になる傾向はどうしても避けられなかったのが実態であった。その傾向が最も強かったのが、五街道最初の宿場である「江戸四宿」と呼ばれた宿場町であり、その一つが新宿だったのである。

宿場に常備が義務づけられている人馬の数では公用通行を賄い切れない場合は、幕府は近隣の村々に対して人馬の提供を命じている。この役務は「助郷役」と呼ばれる。当初、助郷役を勤める村は固定していなかったが、元禄七年（一六九四）に、東海道や中山道の各宿場に対し、助郷役を勤める村の名前が記載された助郷帳が下げ渡されている。その後、甲州・日光・奥州街道沿いの該当する村にも、助郷帳が下げ渡されていく。ここに助郷村は固定され、幕末まで続く助郷制度が整うことになるのである。

江戸開府からほぼ一〇〇年を経た元禄のころになって、幕府の交通行政もようやく整備されてきたが、将軍のお膝元である江戸は拡大を続け、人口百万を超える都市になろうとしていた。江戸近郊にも都市化の波が押し寄せてきていた。甲州街道が通る武蔵野台地の開拓も進み、大消費都市江戸の需要を目当てに、農業生産物などの増産もいちじるしかった。甲州街道は、江戸の胃袋を満たす食料やさまざまな物資を供給する道として、物資の流通が活発化していったのである。それに伴い、五街道のなかでも軍事道路としての性格が強かった甲州街道は、次第に江戸の産業道路に性格を変えていく。

ところが、ここで一つ大きな問題点が浮上することになった。他の五街道とは違い、甲州街道は宿場が置かれてもおかしくはない場所に、いまだ宿場が置かれていなかったのである。

のちに内藤新宿となるこの地は、甲州街道だけでなく青梅街道も合流するという、江戸と近郊地域の物流の結節点でもあり、人馬・宿所・休憩所・物品などを提供する宿場の必要性は、日を追うごとに高まっていたであろう。増大しつつある人や物の流れを円滑に進めるためにも、宿場は必要であった。このころは公用通行も増大していた。そのため、甲州街道最初の宿場町であった高井戸宿まで人馬を提供する役務を持つ伝馬町や、江戸や次の府中宿まで人馬を提供する役務を持つ高井戸宿の負担が重くなっていたという問題も当然あったと推測される。

しかし、この一〇〇年近く、なぜか幕府の方から宿場を設置しようとする動きはなかった。そんななか、新宿とは何の縁もない浅草の商人が、宿場設置に向けて運動を開始したのである。

第二章　宿場町内藤新宿の誕生

一　宿場の開設

宿場設置の願い

江戸開府から、ほぼ一〇〇年を経過した元禄一〇年（一六九七）、浅草阿部川町（現台東区元浅草）の名主高松喜兵衛ら五人の浅草商人が、甲州街道の江戸〜高井戸間に宿場を開設したいと幕府に願い出た。当時、五街道の最初の宿場は、東海道は品川宿、中山道は板橋宿、日光（奥州）街道は千住宿、甲州街道は高井戸宿であった。品川・板橋・千住宿は江戸から二里の距離にあったが、高井戸宿のみ、江戸から四里以上の距離であった（図7）。そのため、江戸日本橋〜高井戸間の伝馬役を課せられた伝馬町と高井戸宿は、たいへん難儀していたという。

そこで、江戸日本橋～高井戸間に宿場を新たに設け、その宿場が公用人馬を提供して荷物の運送をおこなえば、伝馬町と高井戸宿の負担は軽くなるのではないかという趣旨で、高松喜兵衛らが宿場の新設を願い出たのである。伝馬町にとっては宿場が新設されれば、高井戸宿まで運ばなくても半分の距離の新宿まで運べば済むことになる。高井戸宿にしても同様である。

幕府もこの願いを前向きに検討し、翌元禄一一年六月、喜兵衛らが金五六〇〇両を上納するという条件で、新宿の地への宿場新設を許可している。宿場予定地として、幕府は甲州街道に面する内藤家の中屋敷の一部や旗本屋敷などを取り上げ、喜兵衛らに与えた。

早速、喜兵衛らは宿場町の造成に取りかかった。「高松家文書」によれば、道を幅五間半（約一〇

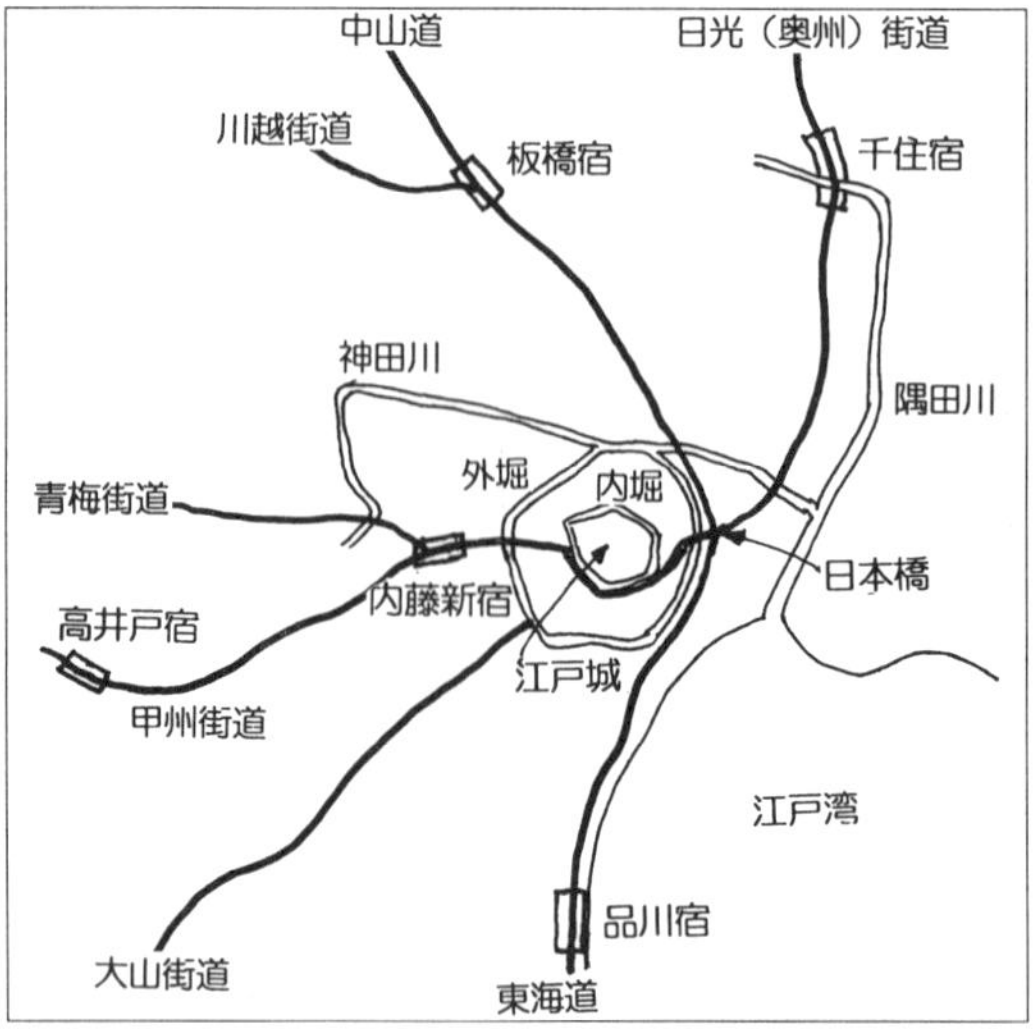

図７　日本橋と五街道の周辺略図

メートル）に広げるとともに、その両側に屋敷が建てられるよう整地している。造成された町の広さは、六町五反九畝二六歩（一万九七九六坪）であった。

また、『新編武蔵風土記稿』の「内藤新宿」の項にも次のようにある。

　内藤新宿は甲州道中宿駅の一つなり、御打入の後、内藤大和守に給ひし屋敷の内を、後年裂て上地となりし頃も、萱葭原なりしを、元禄十一年、浅草阿部川町の名主喜兵衛及ひ浅草の町人市左衛門、忠右衛門、嘉吉、五兵衛と云者、願上て、今の如く幅五間半の街道を開き、左右に宿並の家作をなし、喜兵衛は喜六と改め、五人共に移り住せり

「御打入の後、内藤大和守に給ひし屋敷」というのは、家康が江戸に入った時、家臣の内藤清成に与えた新宿の屋敷のことである。

元禄一二年四月には、日本橋〜内藤新宿間の「御定賃銭」が定められた。馬に荷物を付ける「本荷」は一疋につき五六文、人が乗って荷物は付けない「軽尻」は三七文、人足を雇う場合は一人につき二八文を、駄賃として宿場に支払う定めであった。ただし、これは幕府公用などの場合に限られていた。

こうして、内藤新宿は甲州街道のみならず五街道の最後の宿場として開設され、宿駅業務を開始する。日本橋〜内藤新宿間の距離は一里三一町（一里＝三六町）であったため、四里以上あった日本橋〜高井戸間のほぼ中間点に宿場が新設されたことになる。

宿場の名称が内藤新宿となったのは、このあたりがもともと内藤宿と呼ばれていたことと関係がある。

甲州街道が産業道路へと性格を変え、交通量が増大するに伴い、この地には旅人を相手にした休泊施設が設けられ、自然と集落が形成されていった。やがて、誰いうともなく、内藤宿と呼ぶようになったと伝えられている。内藤という名称は、内藤家の屋敷があったことに由来するであろう。本来ならば東海道の品川宿などのように、宿場が置かれていてもおかしくはない位置にあったこと、また、青梅街道が合流するという地理的条件も、内藤宿の形成に大きな役割を果たしたことであろう。

すでに内藤宿という集落があって宿場に準じた役割を果たしていたことは、宿場町の位置を決めるにあたり、幕府によって当然考慮されたであろう。

商業の町・浅草

内藤新宿の開設をもって、江戸四宿（品川・板橋・千住・内藤新宿）が出揃うこととなった。しかし、他の三宿に比べると一〇〇年遅れの誕生であった。この時期、なぜ内藤新宿の宿場設置願いが、それも浅草の商人によって提出され、幕府もその願いを許可したのであろうか。宿場の設置に奔走したのが浅草の商人であったというところから考えてみたい。

現在国技館のある両国地域、浅草寺のある浅草地域は、江戸の代表的な盛り場であったが、浅草の場合、その中心は浅草寺（図8）であった。現在の仲見世通りの賑わいからも、浅草寺門前の当時の賑わいが想像できよう。ただ、ここで注意したいのは、浅草は盛り場としての顔だけでなく、江戸経済の中心地としての顔も持っていたということである。

　江戸時代は米が経済の基本となっていた。幕府や諸大名は自分の領内で取れた年貢米を市場に送り、その代金をもって支出に充てていたが、「天下の台所」と呼ばれた大坂と並んで、江戸の米市場は日本最大級の規模を誇っていた。幕末の江戸には、年間二〇〇万俵を越える米が入ってきていたといわれる。

　その多くは、大量の米を一度に運べる海上運送によって運ばれた。そのため、江戸湾に注ぐ隅田川沿いの浅草地域には、全国から送ら

図8　浅草寺周辺（浅草寺の右を流れるのが隅田川。「今戸箕輪浅草絵図」尾張屋板『江戸切絵図集成』嘉永6年より）

れてくる大量の米を収納する幕府や諸大名の米蔵が多数立ち並んでいた。

こうして、浅草の米蔵の周辺には、武士に代わって米商人が自然と集まるようになった。現在の台東区蔵前という地名は、米蔵の前に米屋が多数集まっていたという、この地域の特徴に由来するといわれる。浅草寺から見ると、すぐ南にあたる地域である。江戸が世界最大級の都市として膨張を続けるにつれて浅草は江戸経済の中心地として発展を遂げ、浅草の商人は巨万の富を築いていったのである。

大開発の時代

幕府が鎖国政策をとったのちは海外を自由に行き来することができなかったため、商人は富を蓄積しても海外貿易に投資することは不可能であった。そこで投資先とされたのが国内の開発事業である。特に元禄のころまでは国土の大開発時代として知られ、国内の開発は飛躍的に進むこととなる。民間の資本を導入した新田開発事業によって耕作地が増え、米を中心とした生産力が向上し、人口も急増していった。一世紀ほどで耕地も人口も二倍以上に増えている。

国土の開発とは、耕地の開発だけで達成されるものではなかった。新田開発とも深く関連する河川の整備・護岸、用水路の開削、あるいは街道の整備など、地域のインフラ整備にもつながる総合的な開発事業がそこでは必要であった。こうした巨大プロジェクトに、商人は大金を投資したのである。

難事業として知られる箱根用水の開削もその一つである。用水の恩恵を受けて新田が生まれた際、その一部を所有地にするという条件で巨額の資金を出した元締めの友野与右衛門は、浅草駒形の商人であった。

箱根用水とは、箱根の山を掘り抜いて芦ノ湖の水を静岡県側に落とし、駿河国駿東郡深良村（現静岡県裾野市）など二九か村の水田を潅漑しようとした開発事業である。当時、この地域は水不足に苦しんでいた。そのため、箱根用水により農業用水が確保されれば土地の生産力は上昇し、新田の開発も可能となることを農民や領主の小田原藩も期待したのである。トンネル工事が寛文六年（一六六六）にはじまり、工事費九〇〇〇両に及ぶ難工事の末、ようやく寛文一〇年に完成した。現在も箱根用水は、この地域の田畑を潤している。

友野与右衛門に象徴されるように、一七〜一八世紀初期に山間部でおこなわれた新田開発に投資した者は、共通して浅草商人であった、という興味深い指摘もある。浅草商人がこうした開発事業に積極的にかかわっていた様子がうかがえるが、開発事業とは何も農村地帯に限られるものではなかった。江戸やその近郊も、浅草商人にとっては魅力ある開発対象だったのである。

江戸四宿の立地条件

江戸開府以来、江戸の近郊は凄まじいスピードで開発が進み、江戸の町は膨張を続けていった。一〇〇年程経過した元禄のころになると一段落したが、江戸や近郊の開発事業はさまざまな形で続けられていた。その一つが、新宿への宿場開設であった。

五街道のうち、甲州街道以外では、日本橋から約二里の場所に宿場が置かれていた。ところが、甲州街道のみ、本来あっても不思議ではない場所に宿場が置かれていなかった。それに目を付けた高松喜六らが、こうした現状は公用荷物の運送上支障があるとして、宿場の開設を願い出たのである。首都江戸の経済活動の拡大に合わせて、江戸への産業道路である甲州街道の交通量が増え、宿場の必要性が高まってきたという事情は確かにあっただろう。伝馬町・高井戸宿の町人にとっても、宿駅業務が軽くなることから、内藤新宿の開設は歓迎すべきことであった。

しかし、当の高松らの立場に立ってみれば、単に幕府の交通行政の不備を補うためだけに、五六〇〇両もの上納金を納めてまで宿場を開設しようと考えたのであろうか。五六〇〇両を現在の貨幣価値に換算すれば、一〇億円以上に及ぶ金額である。そのほか、宿場開設の許可を取り付けるために、当地の代官細井九左衛門や、その上司にあたる勘定奉行荻原重秀など、幕府有力者などへの運動費も必要であった。町の開発資金も自己負担であった。高松らの本当の狙いは、どこにあったのだろうか。

新宿と同じ地理的条件に置かれていた品川宿などの様子から、その真意を考えてみたい。東海道品川宿は、江戸から約二里の距離にある宿場であった（図9）。ところが、品川宿は江戸にも近いため、実際に宿泊する者は少なかったのである。大名も参勤交代の行き帰りで宿泊することはあまりなく、本陣も休憩所として利用されることが多かったようである。例えば、国元に帰る際は、江戸にある自分の屋敷を朝に出発して、品川宿で昼食や休憩を取り、宿泊するのは次の川崎宿以降の宿場であった。国元から江戸に入る際も、品川宿と江戸は目と鼻の先であったため、わざわざ宿泊しなくても、江戸の屋敷に入ってしまえばよかったのである。

では、品川宿を利用するのはどのような人々だったのだろうか。その多くは、品川近郷の神社・仏閣に参詣に出かけるとか、都市の喧騒を離れて、郊外の名所に遊びに出かける際に立ち寄る人々であった。品川近郷の御殿山の桜（図10）、東海寺・海晏寺の紅葉は、江戸の名所として知られていたが、品川は海にも近く、潮干狩りに訪れる人々もたくさんみられた。品川宿周辺は、江戸郊外の絶好の行楽地として賑わっていたのである。

品川宿ではそうした参詣客や行楽客を相手にする商売が盛んであり、後には品川宿そのものが行楽地

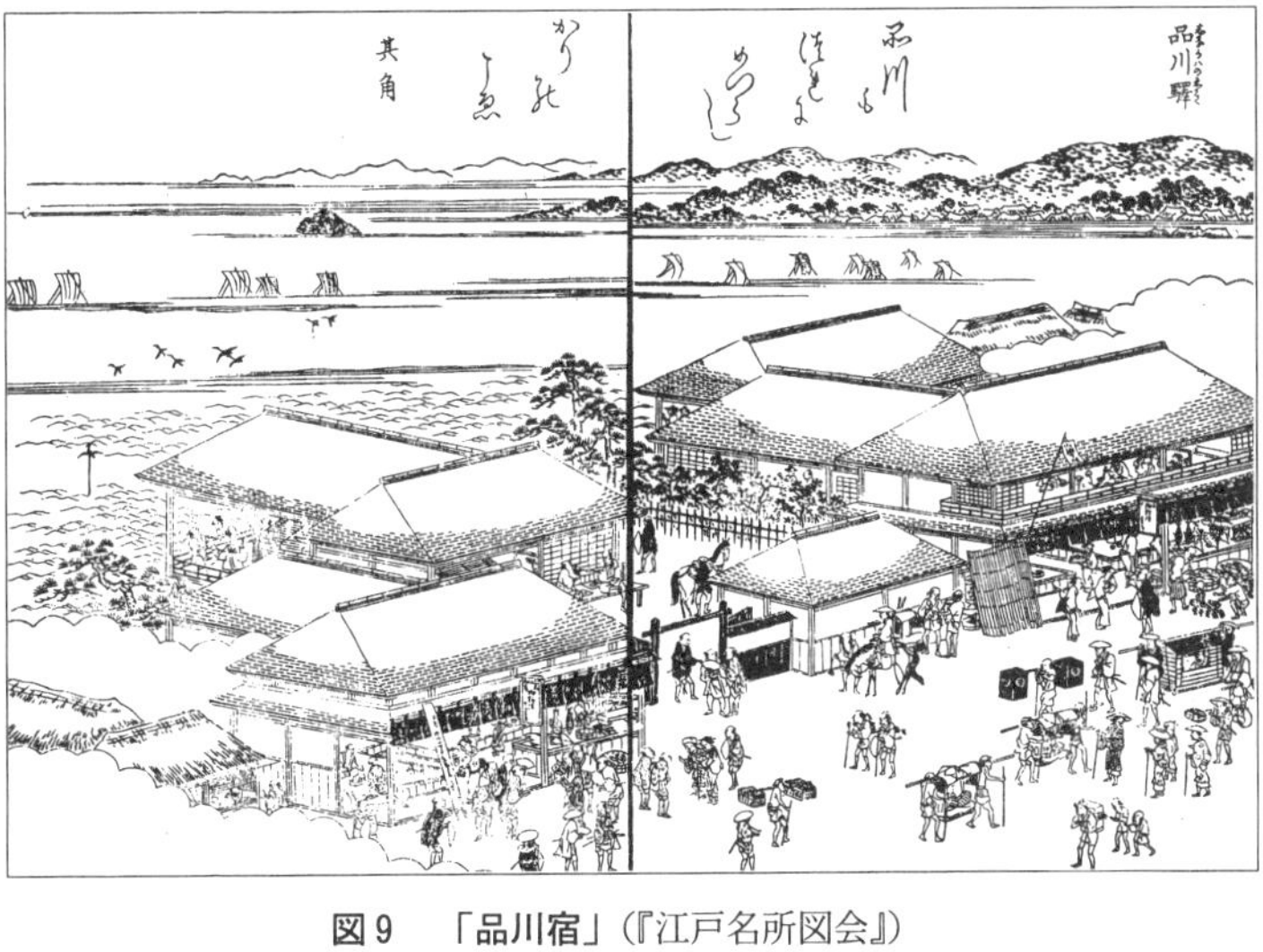

図９　「品川宿」（『江戸名所図会』）

となっていった。宿場町というより、日帰りもできる江戸近郊の手軽な行楽地・繁華街として繁盛していたのである。時代が下るにつれ、江戸の人々が近郊の名所見物に盛んに出かけるようになると、その傾向はますます顕著になっていく。こうした宿場の様子は、中山道板橋宿・日光街道千住宿にも共通するものであった。

開設願いの背景

こうした他の三宿の様子を踏まえると、幕府の交通政策の不備を補うためだけに、高松らが宿場開設を願い出たとは到底考えられない。高松らの本当の狙いとは、宿場の設置に名を借りて、新宿の地に、品川宿などのような一大行楽地・繁華街を作り出すことだったのではないだろうか。江戸近郊の新たな観光・遊興地として開発しようとする目論見があっ

図10　「御殿山看花」（『江戸名所図会』）

たからこそ、高松らは五六〇〇両という大金を上納する条件を呑んでも、また、多額の運動費を使ってでも、宿場の開設許可を取り付けようとしたのである。

もちろん、その目論見を前面に出しては、願いは認められなかったであろう。そこで、甲州街道には他の街道のように、本来置かれるべきところに宿場がないという点に目を付けたのである。高松らにとって交通行政の不備とは、むしろ宿場開設を実現するための方便であったと考えるのが妥当だろう。現実に宿場町を造成するとなるとさらに資金が必要となるが、それを支払っても、目論見通り新宿が開設されて江戸近郊の新たな行楽地・繁華街となれば、日ならずして投資した資金を回収し、利潤をあげられると見込んだのであろう。

新宿の地は江戸と甲州ばかりでなく、江戸の西に広がる武蔵野・多摩地域もつなぐ二つの主要街道・甲州街道と青梅街道が合流する要衝であった（図11）。江戸の物流のター

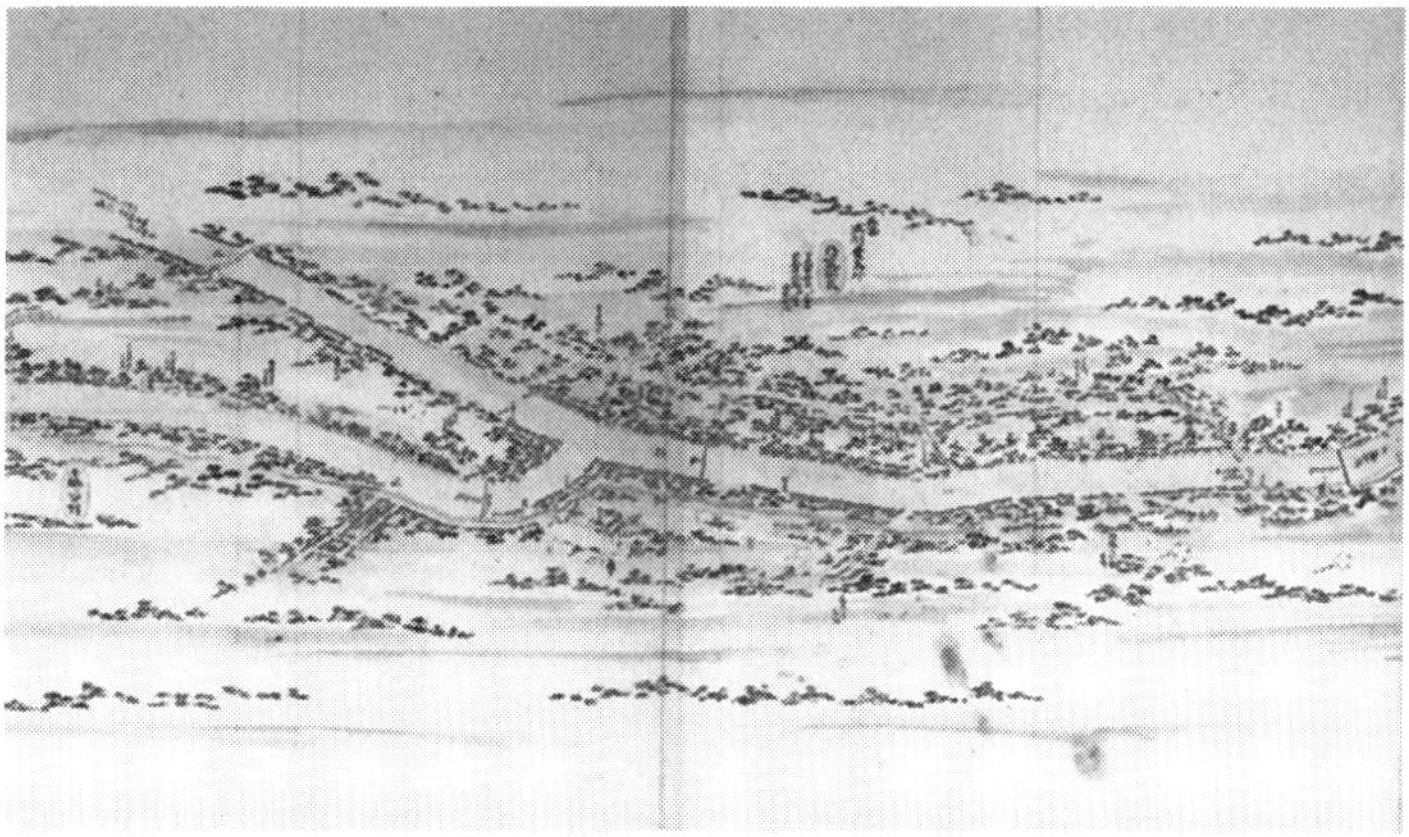

図11　内藤新宿の絵図（『甲州道中分間延絵図』）

ミナルとして、新宿の地が今後ますます重要性を増していくことは、高松らには当然予想できたと考えられ、実際その通りになる。さらに、宿場町として幕府から認められれば、堂々と旅人を泊めることもできる。繁華街としても一層発展することは間違いないのである。

こう考えると、高松らが巨額の資金を投入して、宿場町として開発しようとしたのも理解できよう。喜六らがもともと江戸の盛り場として賑わいを見せていた浅草の商人であったことを考えると、新宿を宿場町として開発するにあたり、浅草寺周辺の盛り場をモデルにしていたとも考えられる。

幕府の事情

元禄という時代は、紀伊国屋文左衛門・奈良屋茂左衛門のような大商人が材木商いで巨万の富を築く一方、それまでの高度経済成長に翳りがみえはじめた時代であった。幕府の支出が増えていく一方、収入は頭打ちになり、幕府の財政は日増しに悪化していった。それに拍車を掛けたのが、五代将軍徳川綱吉の豪勢な生活である。

幕府は新宿の宿場開設にも深く関わった勘定奉行荻原重秀を中心に、貨幣（金貨・銀貨）の改鋳という金融政策によって、財政難の打開をはかることとなった。これには、活発化した物資の流通を円滑に進めるため、貨幣の流通量を増やそうという意図も込められていたという。

しかし、貨幣の原料となる国内の金銀の産出量が頭打ちになっていたことで含有量を減らさなければならず、貨幣の価値は下がっていった。そのため、インフレが激しくなって物価が上昇し、人々の生活は苦しくなっていったのである。収入増加と支出削減に四苦八苦していた幕府にとって、五六〇〇両の上納金を得たうえ、自分の懐を痛めることなく宿場が設置されるのは魅力的なことだったのではなかろうか。

　しかし、上納金に目がくらんだためとばかり考えるのも正確ではないだろう。甲州街道や青梅街道の交通量の増加を踏まえて、宿場がないという交通行政の不備を遅ればせながら認めざるを得なかったという部分も見逃すことはできない。幕府の思惑と高松らの思惑が微妙に重なり合いながら、新宿は誕生したのである（図12）。

浅草商人高松喜兵衛

新宿開発の功労者高松喜兵衛は上総国の出身であっ

図12　「四谷内藤新宿」（『江戸名所図会』）

た。江戸に出てからどのような商売で富を築いたかは不明であるが、元禄九年（一六九六）に浅草阿部川町を造成して自ら名主役となったという。高松のように、商売により蓄積した資本を江戸の町の開発事業に投資し、自ら名主となる商人は当時多かったであろう。ところが、高松は姪夫婦を故郷の上総から呼び寄せると、すぐさま名主役を譲ってしまう。ちなみに高松家は代々阿部川町の名主役を勤め、明治に入ると応用化学の祖で東京ガスの社長も勤めた高松豊吉を出している。

阿部川町の名主役を譲った高松喜兵衛は、その翌年の元禄一〇年に、浅草の他の商人とともに内藤新宿の開設願いを提出することになる。当時、浅草阿部川町の代官は新宿の地の代官でもあった細井九左衛門であり、細井の上司は勘定奉行の荻原であった。かつて阿部川町の開発にあたって高松は荻原や細井に何らかの運動をしたことであろう。この時に得た荻原や細井とのつてをうまく使うことで、高松は宿場開設の認可を幕府から取り付けたのである。

高松らは、その後、新宿の町に移り住み、町や宿場の要職に就く。名主には開発人である高松喜兵衛と市左衛門が、問屋には嘉吉が、年寄には飯田忠右衛門と五兵衛が就任している。高松喜兵衛は後に高松喜六と改名している。高松喜六家はその後内藤新宿の名主役を代々つとめ、後には問屋役も兼ね、新宿の町に重きをなしていくのである。

二　新宿進出

元締め十人衆

宿場町の造成を許可された高松喜六らであったが、自分たちの出資金のみでは充分でなかったためか、別に五人の商人が出資者として加わったようである。あるいは、幕府から造成許可がおりたため、その話に一枚乗せて欲しいということで出資を喜六らに申し込んだのかもしれない。

喜六ら五人と、後から加わった五人は、合わせて「元〆拾人衆」、「請負方衆」と呼ばれた。彼ら元締め十人衆は、「内藤新宿御伝馬町年寄」とも呼ばれ、内藤新宿の開発業者としての顔のほかに、宿場役人としての顔も持っていた。

宿場開設の翌元禄一二年より、元締め十人衆は、屋敷地として造成した地所を希望者に売却していった。土地を購入した者は新宿の町の地主（家持）となり、町の正規メンバーとなった。元禄一五年の家持の数は八二人であったが、正徳六年（一七一六）には一三三人に増えており、新宿の町が発展していく様子がわかる。

新宿の町は、四谷大木戸から追分のあたりまで、甲州街道沿い東西一キロメートル以上にわたっていた（図13）。新宿は三つの町から構成されており、大木戸側から西へ下町・仲町・上町の順となってい

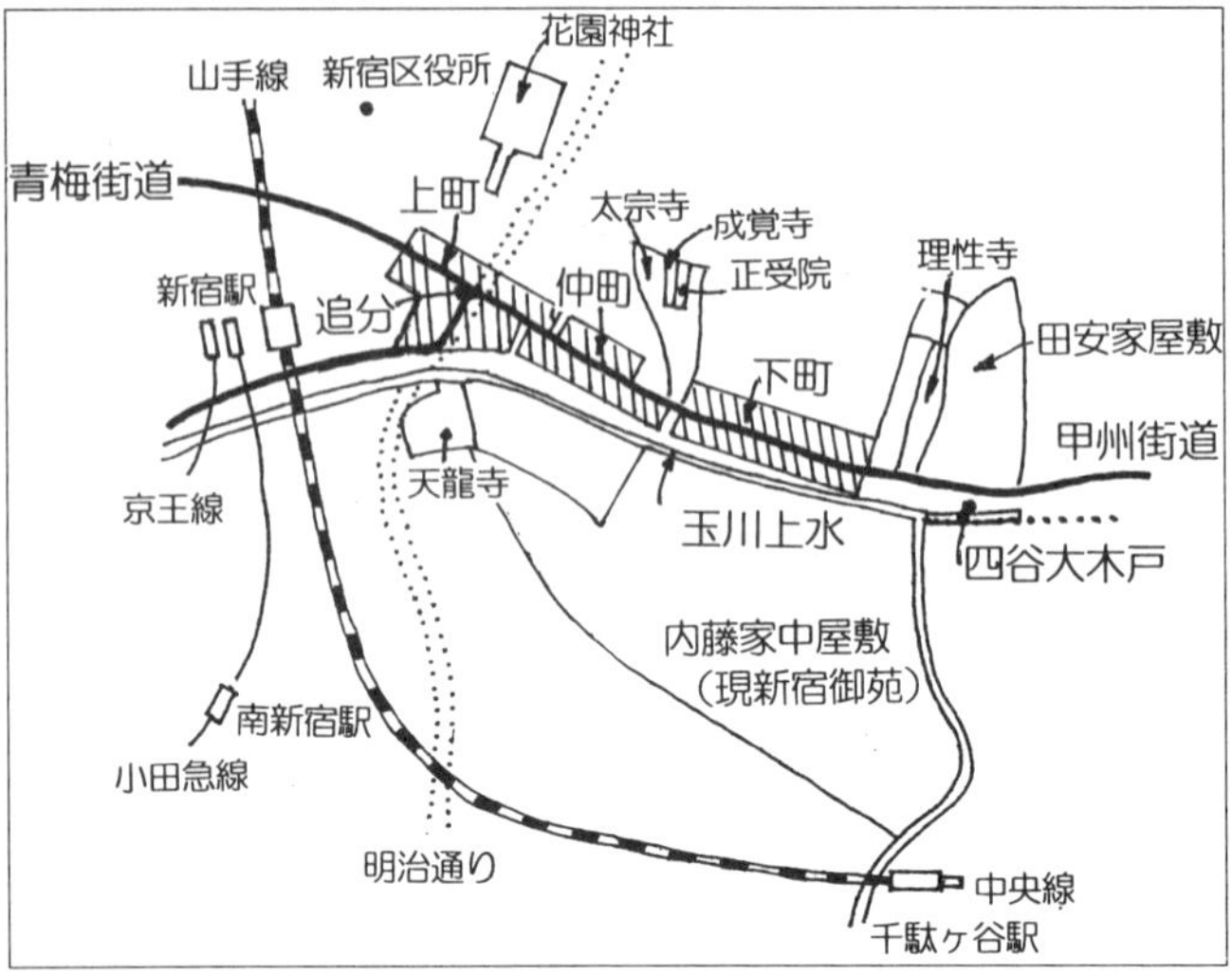

図13　新宿の周辺略図

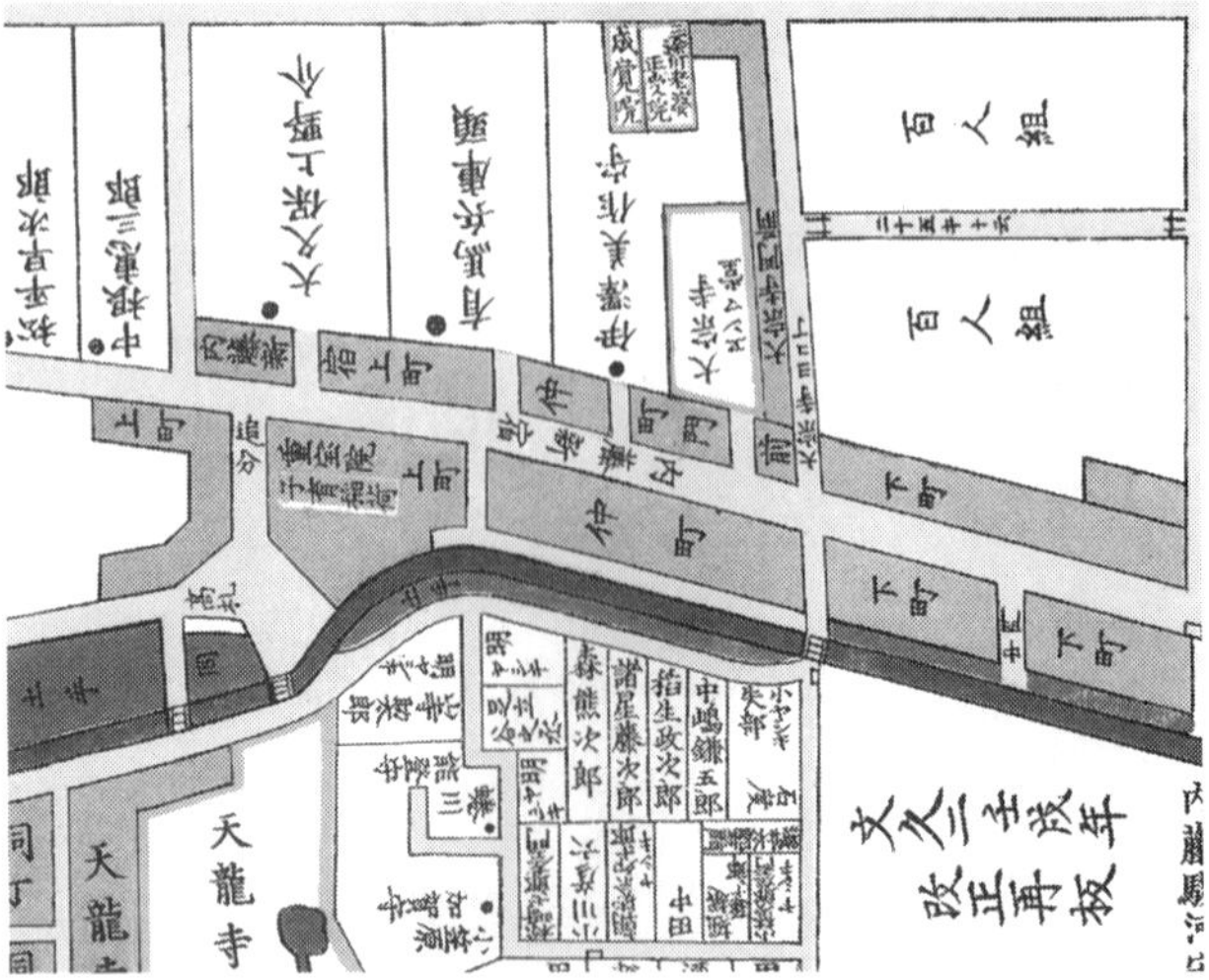

図14　新宿周辺の絵図（「内藤新宿千駄ヶ谷絵図」尾張屋板
『江戸切絵図集成』文久２年より）

た（図14）。

新宿に土地を求めたのは江戸の町人ばかりではなかった。新宿の町の地主となった者には、同じ甲州街道沿いの高井戸村や祖師谷村（現世田谷区祖師谷）の農民もいた。宿場町として発展が期待される町に土地を持つことで、資産価値を見出していたのであろう。何か新しい商売をはじめるか、長屋でも建てて店賃を取得するか、土地を貸し付けて地代を取るか、あるいは土地の値上がりを期待し、転売も頭に入れながら購入したのであろう。

地主の義務

地主（家持）には、年貢と道路普請金を納める義務、馬と人足を提供する義務（伝馬役・歩行（人足役）があった。年貢は米でなく、金銭で納めていた。道路普請金とは、四谷大木戸〜国領村（現調布市）間の甲州街道と、追分〜高円寺村（現杉並区高円寺）間の青梅街道の道筋を修繕する際に掛かる費用のことである。宿場には、道路整備の義務も課せられていたのである。

伝馬役・歩行（人足）役については、八王子千人組同心など幕府役人の通行、高遠藩主内藤家など大名の参勤交代といった公用通行の場合、人足は五〇人、馬は五〇疋まで提供することが義務づけられていた。ただし、実際に馬を提供することはなく、金銭（伝馬役金）を納める形で勤めていた。歩行役も、同じく金銭で勤めていたと思われる。

宿場開設当初の記録をみると、元禄一三年（一七〇〇）三月から翌一四年三月までの分として、「馬請負」の清兵衛らが新宿に対し、金六七両で馬の調達を請け負っている。地主から徴収した伝馬役金を、この請負金に宛てていたわけである。「馬請負」とは、馬の売買や周旋に当たる博労（馬喰）のことであろう。

ちなみに、大伝馬町・南伝馬町の近くに馬喰町（現中央区馬喰町）という町がある。この町は、牛馬の売買・仲介を業務とする博労の高木源兵衛・富田半七という者が住んでいたため、博労町と呼ばれるようになり、後に馬喰町と改称されたという。

しかし、馬にせよ人足にせよ、伝馬役・歩行役の負担は、新宿の町人にとり非常に重いものであった。そのため、宿場開設後間もなく、提供すべき人足は二五人に、馬も二五疋に半減されている。

新宿への助郷

街道筋の宿場はどこも公用通行量の増大により、その負担が重いものになっていくが、そのため、次第に常備している人馬の数ではとても賄い切れない状態に追い込まれていった。そうした事情は開設されたばかりの新宿においても例外ではなかった。

たとえば、宿場開設直後、博労は年間六七両で馬の調達を請け負っていたが、十年とたたない宝永四年（一七〇七）には、請負金額は三倍近くの一八〇両にも増えている。公用通行の急増ぶりがうかがえよう。また、開設後五年目の元禄一六年の数字を見ても、この年に新宿が調達した人馬は、人足が延二三七四人、馬が延一万一八三七疋に及んでおり、一日あたり六・六人の人足、三二・四疋の馬を用意していた計算になる。実際は日によって調達しなければならない人馬の数はかなり違うため、常備する人馬だけではどうしても対応できないのが実状であった。馬にいたっては、常に不足している状況であった。

また、火急の御用があった場合に備えて、ある程度の人馬は使わずに置いておく必要もあった。これは、「囲人馬」と呼ばれている。新宿では、人足六人と馬三疋を囲人馬に指定しており、それを差し引いた分が、実際に提供できる人馬の数になるわけである。したがって宿場常備の人馬ではどうしても足りず、助郷という形で近隣の村に不足分の人馬を負担してもらわなければならなかった。

助郷村が固定されるようになったのは、新宿が開設する直前の元禄七年のことであったが、甲州街道に適用されたのは少し後のことである。新宿は当初、その時々に応じ、近隣の村に人馬を提供させていたようであるが、間もなく、すぐ西隣に位置する角筈村（現新宿区西新宿）など二四か村が助郷村に定められ、人馬を提供するようになった。二四か村の助郷村の石高を合わせると、一万二二七九石にのぼる。

表1は、助郷村に指定された二四か村の村名と石高をまとめたものである。現代の行政区画でいうと、新宿区・中野区・渋谷区に含まれる村々が新宿に人馬を提供していたことがわかる。新宿が宿場となっ

表1　新宿助郷表（享保3年以前）

	村名（現在の行政企画）	石　高
豊島郡	角筈村（新宿区）	794石
	落合村（新宿区）	734石
	下高田村（豊島区）	371石
	千駄ヶ谷村（渋谷区）	108石
	隠田村（渋谷区）	97石
	上渋谷村（渋谷区）	158石
	代々木村（渋谷区）	500石
	幡ヶ谷村（渋谷区）	180石
	中村（練馬区）	64石
	関村（練馬区）	527石
	田中村（練馬区）	539石
	下石神井村（練馬区）	1153石
	土支田村（練馬区）	1300石
多摩郡	雑色村（中野区）	345石
	本郷村（中野区）	251石
	上鷺宮村（中野区）	135石
	高円寺村（杉並区）	781石
	馬橋村（杉並区）	358石
	田端村（杉並区）	300石
	上・下井草村（杉並区）	300石
新座郡	小榑村（練馬区）	1445石
	上保谷村（西東京市）	1139石
	下保谷村（西東京市）	700石
計		12279石

※「高松家文書」により作成

たことは、近隣の村々にも大きな影響を与えずにはおかなかったことがうかがえる。後には、助郷村の側も宿場に金銭を支払って、助郷役を勤めるようになった。その場合も、宿場の依頼で馬を調達したのは博労であった。

こうした宿駅業務にあたったのが、宿場内に置かれた問屋場である。問屋場には、問屋役や、その補佐をする年寄のもと、おのおのの業務を担当する者が詰めていた。「帳付」は、人馬の出入りや賃銭などの書類を作成する者、「馬差」や「人足差」とは、前の宿場から送られてきた荷物を、宿場で用意した人足や馬に振り分ける事務にあたる者のことである。

新宿では当初、上町に問屋場を置いていたが、天明八年（一七八八）、高松喜六が問屋役を兼ねると、翌寛政元年閏六月、喜六の自宅のあった下町に移転している。しかし、この移転をめぐって、喜六は上町の家主と訴訟沙汰になっている。この余波を受けたためか、文化二年（一八〇五）、問屋場は上町と下町の間の仲町に移転している。

三　旅籠屋と茶屋

江戸の岡場所

高松喜六ら一〇人が造成した屋敷地には、さまざまな人が移り住んでいったが、やはり宿場町ということで、町のメインストリートを飾ったのは旅籠屋であった。旅籠屋は上町・仲町・下町の各町に平均して置かれていたようである。旅籠屋は、宿場から主に二つの義務を課せられていた。一つは、公用通行があった場合、問屋からの指示により、その宿所を御用宿として提供すること。もう一つは、役銭を宿場に納入することであった。一種の営業税のようなものであったが、旅籠屋から徴収した役銭は、宿場の運営費に充てられていた。

旅籠屋は、一軒につき二人まで「食売女」を置くことを許されていた。幕府は宿場に遊女を置くことは禁止していたが、その一方、旅客に給仕する女性として食売女（飯盛女）を置くことは容認していた。幕府は、食売女とは遊女ではないという公式見解を取っていたのであるが、実際は遊女にほかならなかった。もちろん、食売女を置かない旅籠屋（平旅籠屋）もあった。食売女を置くには幕府や領主の許可が必要であったが、旅籠屋は食売女を抱えることで繁盛し、宿場も繁栄していった。

江戸には幕府が公認した唯一の遊廓である吉原があった。江戸の盛り場として知られる浅草・両国地域とは、目と鼻の先に立地していた。幕府は吉原以外での遊女商売は一切認めていなかったが、実際は江戸市中でも、人々が多く集まる遊興地・歓楽街で、そのような違法行為がまかり通っていた。特に、町奉行所の監視の目が届きにくい寺社の門前町で盛んであったが、そうした場所は、当時岡場所と呼ばれていた。武陽隠士の『世事見聞録』に、次の記述がある。

売女のあるところ、御構ひ場所と唱へて、深川六ケ所を始め、品川・千住・板橋・内藤新宿・小塚原・根津・谷中・市谷・赤坂・本所松井町・入江町そのほか所々あり、これらは名目のごとく、売女御構ひの場所にして、みな料理茶屋・煮売酒屋・水茶屋などの名目にて、矢張り隠し売女をするなり

深川をはじめ、根津・谷中・市谷・赤坂・本所、そして品川・千住・板橋・内藤新宿の江戸四宿において、料理茶屋・煮売酒屋・水茶屋などの名目で、遊女商売が公然とおこなわれていたことがわかる。幕府公認の吉原の遊女が「公娼」と呼ばれたのに対し、岡場所などの遊女は、「私娼」「隠し遊女」と呼ばれていた。

このような実態に、町奉行所は目をつぶっていたわけではなかった。吉原にとっては営業妨害にほかならず、躍起になって町奉行所に働きかけた。町奉行所は吉原からの訴えもあってしばしば取り締まっていたものの、なかなか効果があがらなかったのが実状だった。

江戸四宿の繁栄

元禄のころまで、吉原の競争相手のうちでも強力だったのが江戸三宿である。東海道品川宿・中山道板橋宿・日光（奥州）街道千住宿の三宿は宿場ということで旅籠屋に食売女を置くことが許されており、遊女商売が事実上可能であった。しかも日本橋を中心に半径二里以内にあって宿泊者があまりみられないことは、幕府自身が認めていた。ここには娯楽を求めて、江戸の町やその周辺から多くの人々がやって来たが、遊女商売を目当てにした人々も多かったのである。

この三宿は、ほかの岡場所とは違って非公認の遊廓ではなく、江戸からも割合近い場所にあった。そのため、吉原にとっては強力な競争相手にほかならず、その動向には神経を使っていた。そうしたなか、新宿が開設されたのである。

それまで甲州街道では高井戸宿が江戸に一番近かったが、四里程度の距離にあるため、江戸の人々にとって遠い感じは否めなかった。しかし、新宿の開設により、その半分の距離に、遊女商売が容認される場所が生まれたのである。吉原にとっては、新たな競争相手の出現という由々しき事態であった。

新たに遊女商売が事実上公認されたことを受け、新宿には次々と江戸の町から旅籠屋が出店していく。享保三年（一七一八）には、その数は五二軒に増えている。しかし、余りに急速に成長を遂げて繁盛したため、吉原からは目の敵にされる。ついには、幕府が風紀統制を強めるなか、宿場の廃止へと追い込まれることになる。

宿場町の形成

ここで、どのような職業の人が新宿の町を形作っていたのかをみてみよう。

茶屋は、江戸の町に最も近い下町でのみ営業を許されていた。旅籠屋が宿泊所であったのに対し、茶屋は昼食を提供するなど休憩所として利用されていた。茶屋は旅籠屋ではないため旅客を宿泊させることはできず、食売女も置けないのが建前であった。しかし、実際は茶屋女という名目で、遊女商売をしていた者が多かったようである。

茶屋にも、宿場からは役銭の納入が義務づけられていた。この役銭も宿場の運営費に充てられていたが、旅籠屋に比べ、少額に抑えられていた。

宿場のメインストリートに軒を並べていた旅籠屋、そして茶屋は、新宿の町の繁栄に大きく貢献していくが、果たした役割はそれだけではなかった。旅籠屋や茶屋の経営者から徴収した役銭は、宿場の運営費の大半を占めていたため、旅籠屋と茶屋の営業活動は、宿場の繁栄のみならず、その運営も支えていたことになる。

このほかにも、新宿には、食べ物を提供する煮売屋・うどん屋、食料品を扱う米屋・酒屋・醤油屋・豆腐屋・水菓子屋・飴屋・青物売り、衣料品を扱う古着屋・足袋屋・股引屋などが店を構えていた。馬の行き来も活発であったため、馬の食料である糠を販売する糠屋もみられた。大工・左官・桶屋・差物屋といった職人も住んでいた。これらの人々は新宿に土地を買った地主ではなく、地主に地代や店賃を支払って商売を営んでいる者たちであった。地主はその地代店賃をもって、新宿の町に伝馬役金を納めていたのである。

旅先で乱れた髪を整えるために、宿場には髪結は不可欠な存在であった。特に、品川宿など江戸に入る直前の宿場では、その需要は大きかった。新宿でも、宿場開設直後の元禄一二年に、三右衛門という者が二〇両で髪結の営業権を取得している。新宿の町に住む人々の職種は、実に多種多様であった。

次に、高松らとは違った形で宿場を仕切っていた、店頭という一種変わった存在について見てみたい。

店頭の役割

店頭とは、品川宿など食売女を置く旅籠屋のある宿場や、深川・根津など隠し遊女がいる場所(岡場所)を仕切る、その土地の顔役のような存在である。『世事見聞録』では次のように紹介されている。

右の場所には、店頭と唱へて、その所の取締りを悉くみな引き請けて取り捌くものあり、この者ども、かの筋の与力・同心などへ常々出入りして、音物を毎々送る事にて、喧嘩・人殺し・火付・盗賊、または売女の変死などにて、業体に故障の事など出来れば、早速賄賂を入れて事を済ますなり、一体、大小名より物事頼みを請けて、取持ちしたる時の挨拶向きよりも、厚く音物を送る物なれば、それに傾きて、よく身を入れて遣はすなり、右の店頭なるものは、失費は懸り次第に、何程も売女屋の家主より、月々取り立て賄ふなり、かくの如く、店頭へ日々定式に取り上ぐる金高、根津にては一ケ年に千両以上といふ、谷中にてもこれに同じ、本所入江町なども千両以上といふ、尤も、これは定式の物成にて、不時の物入りある時は、これまたその時々に取り立つるなり、その外の場所、これに準ずるなり、かゝる大金を以て取り賄ふ事ゆゑ、内外の防ぎ方よく行届き、その身も名高き男立てとなりて、奢りを尽すなり

店頭は、自分が仕切っている場所で何か事件が起きると、早速、与力・同心に賄賂を贈って、何事もなく済ませるのが常であった。そのため、店頭は日頃から、与力・同心には手厚く届け物をしていた。宿場や岡場所の店頭は、本来なら取り締まるべき立場にある奉行所の役人と裏ではつながっていたのである。奉行所による取締りがなかなか効果があがらなかったのも、この関係が大きかったのであろう。

この関係を成り立たせていたのが、奉行所の与力・同心への日頃からの付け届けであったが、店頭がどのようにして、賄賂に充てる金銭を得ていたかが、ここには記されている。実は、旅籠屋や茶屋など裏で遊女商売をおこなっている売女屋たちから、定期的に金銭を徴収していたのである。それは、宿場の運営費に充てられる役銭とは別であった。その金額は多額で、江戸有数の岡場所であった根津・谷中・本所入江町の店頭が徴収していた金銭は、年間一〇〇〇両をゆうに超えていたという。その豊富な資金をもって、宿場や岡場所内のもめ事を収めてしまうのである。店頭は、その土地を仕切る顔役、親分のような存在であり、宿場の陰の実力者として君臨していた。

表の世界は、高松喜六ら開発人が名主・年寄・問屋役という形で取り仕切る一方、裏の世界は、奉行

所の役人とつながる店頭が取り仕切っていた新宿の町は、高松喜六らの目論見どおり、元禄の宿場開設後、急速に発展していった。あとは、投資した資金を回収して利潤を得るだけであった。ところが、突然、その目論見は潰えてしまう。

第三章　徳川吉宗と新宿

一　宿場の廃止

廃宿の理由

宿場開設後、二度の大火に遭った以外は順調に発展していた新宿であったが、享保三年（一七一八）一〇月、突然幕府から宿場の廃止を命じられる。元禄一二年に開設されてから、わずか二〇年後のことであった。そのため、突然の廃止には、いろいろな噂が駆けめぐることとなった。

内藤新宿の儀、宿場相止め候御書付

内藤新宿の儀、甲州ばかりへの道筋にして、旅人も少なく、新宿の義に候あいだ、向後、古来の通り宿場相止め、家居等も常の百姓町家に致し、商売物渡世致させ申すべく候、尤自今猶以て、猥り成る儀これ無き様に念入り申すべく候、右宿場相止め候に就いて、馬次の儀も、古来の如く、日本橋より高井戸宿馬次に申すべく候、新宿運上不納、并びに拝借金の儀は、追って伺わるべく候
右新宿旅籠屋共二階座敷之分、残らず取り払はせ申すべく候、以上
十月（『五駅便覧』）

この書付によれば、甲州街道は元来旅人の数が少なく、内藤新宿は新しい宿場でもあるから廃止とするとある。ただし、宿場町ではなくなってしまったものの、新宿という町が廃止されたわけではないことは、これまでどおり町での商売が許されていることからも明らかである。この部分に続けて、以後、猥りなことがないよう注意せよと述べられていることには注目したい。

そして、以後は、元禄以前と同じく、高井戸宿が再び甲州街道の最初の宿場とされた。また、旅籠屋の二階部分はすべて撤去するよう命じられた。こうして旅籠屋としての営業が不可能となったため、次章でみていくように旅籠屋は転廃業を余儀なくされていく。

確かに東海道に比べれば甲州街道の交通量は少なく、参勤交代でみても、高遠藩内藤家など数家の大名しか利用していなかった。しかし、当時の人々はそれが本当の理由であったとは考えてはいなかった。『参考落葉集』には「足洗ひ女とも、猥に遊客を引き入れしより、法外の事出来て、此の新宿忽ち破壊せられたり」とあって、旅籠屋の食売女や茶屋の茶屋女による客引きが目に余ったため、宿場取り潰しになったという説が紹介されている。宿場町であるというのに実際は遊興の町として賑わっている現

状が幕府当局によって問題にされ、宿場廃止につながったというのである。

『江戸砂子補正』には、このころ、新宿で遊興していた旗本内藤新五左衛門の弟大八が、旅籠屋信濃屋の下男に殴られた事件が紹介されている。これに怒った内藤新五左衛門は、大八に腹を切らせ、その首を道中奉行を勤めていた大目付松平乗宗のもとに持参した。そして、自分の所領を幕府にお返しする代りに新宿を取り潰して欲しいと願った結果、宿場廃止になったというのである。信濃屋は実在した旅籠屋で、この享保三年に別の件で処分されているものの、この内藤大八事件の真偽は不明である。ただ、新宿が遊興の町として賑わっていたこととの関連で、人々が宿場の廃止を受けとめていたことはうかがえよう。

幕府が廃止の本当の理由を明らかにしていない以上、真実は今もってわからない。しかし、新宿が宿場町というより遊興の町と化していた実態が（図15）幕府において問題となった結果、開設後わずか二〇年にして廃止という異例の決断が下されたことはほぼ間違

図15　新宿の遊女（歌川豊国『江戸名所百人美女』のうち「志ん宿」）

いないであろう。当時の幕府が風紀の統制にいかに熱心であったかがわかる。

江戸四宿の取締り

新宿に限らず、当時幕府は遊興地や歓楽街には厳しい姿勢をもって臨んでいた。新宿廃止の決定を下した同じ享保三年一〇月、次の法令が発せられている。

諸駅逆旅の売食女、近年その数多きよし聞ゆ、今より後、府外十里のほかは、一軒に売食女二人の外かたくをくべからず、十里以外もこれに准ずべしとなり（『有徳院殿御実紀』）

江戸から一〇里を越える場所を除き、旅籠屋一軒につき二人を超えて食売女を置くことはできないというのである。江戸日本橋を起点として、半径四〇キロメートル以内に位置する宿場では、旅籠屋一軒につき食売女は二人までしか置けなくなったのである。品川・板橋・千住宿が、その対象に入っていたことはいうまでもない。

全国各地の宿場において、食売女の増加が著しかったことが、この法令が発せられた理由であった。もちろん、一〇里の外に位置する宿場ならば、旅籠屋は食売女を何人置いてもよいということではなく、この規定に準じなければならなかった。幕府が食売女の数をできるだけ減らそうとしていたことに変わりはなかった。

同じく享保三年一〇月、幕府は品川宿に対して、旅籠屋一軒につき二人を超えて食売女を置かないよう厳命している。同じ一〇月、幕府は品川宿以外でも、食売女の吟味をおこなっていた。

享保三戊戌年十月

北品川新町、并びに善福寺・法禅寺門前の茶屋町は、食売女一切差し置くまじき旨、去る未年證文迄申し付け候ところ、右の類の女抱え置き候よし、不届に候、吟味の上、右の女は親共、并びに親類へ相渡、家主は急度過料を出させ、戸〆申し付けるべく候、且又家居の儀も吟味をとげ、茶屋町は常体の茶屋造りに致させ、二階座敷は取払はせ申すべく候、

一品川宿の内にも、食売女の外に疑わしき女は吟味を遂げ、向後いよいよ、二人宛より外には差し置かせ申すまじく候（『御触書寛保集成』）

この御触書にみるとおり、品川宿のすぐ北にあった北品川新町や、善福寺と法禅寺（現品川区北品川）の門前町において、食売女に似たような女性を抱えて商売をしている茶屋などが摘発されたのである。岡場所とみなされて摘発されたわけである。幕府はこの三つの町に対し、女性は親元に返し、茶屋の経営者には罰金を課し、茶屋の二階座敷は取り払うよう命じている。

三年前の正徳五年（一七一五）、この三つの町は同じような吟味を受け、食売女は一切置きませんという証文を提出していたが、それに違反していたことが発覚したのである。品川宿はその余波を受けたのである。

ちなみに、この三つの町は、享保七年に歩行新宿という町になり、品川宿に組み込まれる。それまで、

品川宿は北品川宿と南品川宿の二宿から成っていたが、これ以降、歩行新宿も合わせて品川宿と呼ぶようになる（図16）。

幕府は宿場に遊女を置くのを禁止する一方、食売女は事実上容認していたことはすでに述べたとおりである。人数の定めがあったかどうかは不明であるが、享保三年に食売女の数の上限を法令で定めたことは確かであり、これが以後の前例となっていく。人数を定めれば、幕府としても取り締まりやすいだろう。ただし、江戸四宿は、後にこの規定の対象外となる。これについては次章で述べる。

幕府の取締りを受けたのは新宿だけではなかった。品川宿も吟味を受け、周辺の岡場所も取締りの対象となっていた。板橋・千住宿でも同じような吟味があったであろう。宿場に対する幕府の厳しい姿勢は江戸やその近在だけでなく全国に及んだが、そのなか、新宿は宿場廃止という最も厳しい処分を受けたのである。

図16　品川宿の絵図（『東海道分間延絵図』）

吉原の訴え

この年に新宿で起きた出来事を振り返ってみたい。

享保三年六月五日、旅籠屋の信濃屋市左衛門と野沢屋仁右衛門が道中奉行所に呼び出され、不届きであるとして外出禁止の処分が下されている。両名の旅籠屋の建築構造が、普通の旅籠屋の規模を余りに超えていたことが問題になったようである。

両旅籠屋には、七月二日に代官所の役人が出張してきて家宅を調査している。両方とも二階建てであったが、信濃屋の座敷の総畳数が三一五畳、野沢屋は一五四畳半であり、大規模であったことがわかる。この時、家宅の調査を受けたのは、信濃屋・野沢屋だけでなく、新宿の五二軒の旅籠屋全員であった。

信濃屋は家族と奉公人を合わせると一五人、野沢屋は一四人であった。そのうち、食売女は二人ずつと届け出ていた。そのほかに、「働女」などと書かれた女性が数人ずついたが、この女性たちが届出で通りかどうかは疑わしい。実際は、食売女として働いていたのであろう。これは、信濃屋や野沢屋だけのことではなく、新宿の旅籠屋全体にあてはまることであったと思われる。吉原あたりから何か訴えがあったとも考えられよう。

吉原は営業上の競争相手として、以前から江戸四宿や市中の岡場所の動きに神経を尖らせていたが、元禄一五年、町奉行所に対し、遊女商売がおこなわれている場所として江戸四宿を含む一八か所を挙げている。

宝永五年（一七〇八）には、吉原は護国寺門前の音羽町（現文京区音羽）、根津権現門前の池之端宮永町（現文京区根津）、北品川新町の茶屋の例を挙げ、遊女商売を手広くおこなっていると町奉行所に訴えている。そして、江戸への玄関口である品川宿をはじめとする江戸四宿に、吉原で働くため地方から江戸に出てきた女性が取られてしまっている実情を指摘している。遊女の確保に難渋しているというのであった。吉原にとっては、これは営業妨害として無視できないものだった。この後も、吉原は宿場や江戸市中の違反行為には、絶えず目を光らせている。

吉原にとり、江戸四宿や市中での遊女商売は死活問題であり、幕府に何度となく取締りを訴えてきた。幕府も取り締まってはいたものの、効果をあげることができなかった。ところが享保三年を境として、幕府は一転、遊女商売はもちろん、歓楽街の取締りに積極的な姿勢を取りはじめる。その背景には政治情勢の変化があったのである。

二　享保改革と新宿

岡場所の摘発

享保元年（一七一六）八月一三日、紀伊徳川家から藩主徳川吉宗が江戸城に入り、第八代将軍に就任した。吉宗は後に享保改革と呼ばれた政治改革に意欲的に取り組むことになるが、お膝元江戸における改革の中心が、翌二年二月三日、江戸町奉行に就任した大岡忠相である。
大岡は二〇年にわたって町奉行職を勤め、江戸の都市秩序の安定に貢献した名奉行として知られる。町火消組合の創設といった消防政策や、小石川養生所の設置のような社会福祉政策の充実、江戸の商人や職人に組合を結成させることで物価の安定を目指した経済政策の実行など、大岡が進めた江戸の都市政策は多岐に及んだが、遊女商売の取締りもその一つであった。

享保五年三月、町奉行所は江戸の町に対し、遊女商売を改めて禁止し、違反者は家財没収などの処罰を課すと通達した。当時、遊女を抱えて商売する業者、茶屋と契約して遊女を派遣する業者の数は多かったという。五月に、本所松坂町（現墨田区両国）や三田同朋町（現港区芝）で隠し遊女が摘発されたのをはじめとして、江戸市中の各所で岡場所が摘発されていく。享保八年五月には江戸有数の岡場所であった先の護国寺門前の音羽町に町屋敷の撤去を命じるなど、大岡はこの問題に厳しい姿勢をもって臨む。

ただ、大岡がいくら熱心でも、町奉行ではどうしても越えられない壁があった。岡場所は特に門前町に多かったが、そこは寺社奉行の支配下にあった。そのため、町奉行所の役人は吉原からの訴えがあっても、寺社奉行の許可なくしては踏み込めなかったのである。その壁があるからこそ、岡場所の多くが寺社の門前町にあったということもできる。

隠し遊女の問題だけでなく、江戸の町で盗みや傷害事件を起こした者が門前町に逃げ込んでしまうと、町奉行所では手が出せなかった。寺社奉行に掛け合って役人を踏み込ませる許可を取ろうとしても、その間に逃げてしまうのである。町奉行による寺社門前町支配は、大岡在任中には実現しなかったものの、延享二年（一七四五）閏一二月に至って、寺社の境内や門前町の支配が町奉行に一括移管されている。

新宿の開設事情

ここで、享保三年からの流れを整理してみたい。

享保三年、幕府は江戸郊外の宿場町への取締りを強化していく。旅籠屋が置くことができる食売女の数を一軒につき二人に制限したのを皮切りに、江戸四宿の旅籠屋を次々と吟味していった。品川宿では食売女の吟味がおこなわれ、後に歩行新宿と呼ばれる茶屋町では処罰者を出している。新宿では全旅籠屋が家宅調査を受け、信濃屋・野沢屋が処分を受けるだけでなく、宿場自体が廃止となった。

享保五年に入ると、町奉行の大岡が中心となって、江戸市中の岡場所への取締りを強化していく。隠し遊女を置いていた岡場所を次々と摘発し、関係者を処分していったが、護国寺門前の音羽町にいたっては町屋敷を撤去させるという強硬処分が取られた。江戸郊外の四宿やその近辺からはじまって、次第に江戸市中への取締りを強化していったという流れが読み取れよう。

幕府が最も力を入れていたのは、江戸市中の取締りであったことは間違いない。その点からみれば、享保三年の一連の取締りは、その後江戸において本格的に展開される遊女商売取締りの先駆けであったと位置づけられる。この時期、幕府は江戸の歓楽街に対して厳しい姿勢を前面に出していたが、幕府の意思が強固であることを示す必要があると考えたのだろう。そこで選ばれたのが新宿であり、宿場廃止という形での見せしめだったのである。

では、なぜ新宿が選ばれたのであろうか。江戸四宿では、品川宿が吉原にとって最大の競争相手であった。最盛期には一五〇〇人を越える食売女がいたといわれる品川宿は、北の吉原、南の品川宿と並び称されるほどの歓楽街であった（図17）。この時、品川宿も取締りの対象になっていたが、新宿が選ばれたのは、他の三宿と成立事情が違っていたことが理由だったのではなかろうか。他の三宿が江戸開府以来一〇〇年以上の歴史を有していたのと違い、新宿は二〇年ほど前に開設された新興の宿場町であった。

幕府が本当に新宿の地に宿場が必要だと考えていたならば、とうの昔に宿場を置いていたことであろう。ところが、江戸開府から一〇〇年近く宿場が置かれることはなかった。一〇〇年も経過してから、それも幕府からの働きかけではなく、投資意

図17　品川歩行新宿の遊女（歌川豊国『江戸名所百人美女』のうち「品川歩行新宿」）

欲に富む浅草の商人が五六〇〇両の大金を上納するという条件で宿場の設置が許可されたのである。新宿とは、五街道の二〇〇以上ある宿場のうち最後に置かれた宿場であったが、交通政策上、新宿が必要であるという認識が幕府において低かったことは、何よりもその歴史の浅さが示していよう。宿場町としての歴史の浅さが、新宿にとって命取りとなったのである。新宿廃止の書付にも、「新宿の義ニ候間」という一文があることはすでにみた通りである。

享保改革の開始という政治情勢の変化のなか、幕府は改革政治の一環としてお膝元江戸の風紀統制を強めていった。そうしたなか、幕府の強い意思を示す見せしめとして、新宿は宿場廃止に追い込まれた。

しかし、将軍吉宗の政治意図はどうであれ、五六〇〇両を上納するという条件で、やっとのこと宿場設置の許可を取り付け、町の造成にも多額の資金を投入してきた高松喜六らにとっては、幕府の決定は青天の霹靂だったろう。わずか二〇年では、資金の回収も済んではいなかったと思われる。何年かに分けて分割納入することになっていた上納金にしても、この時点で二〇%にあたる一一三六両が未納の状態であった。これも免除されたわけではなく、この後一〇年間で納入するよう命じられていた。町も急速に寂れていったようである。高松らが宿場再興を求めて運動を開始するのはこの五年後のことである。

第四章　宿場町新宿の復活

一　町奉行大岡忠相と新宿

町の困窮

宿場が廃止されたことで、新宿の町は大きな打撃を受けることとなった。旅人を泊めることができなくなったため、旅籠屋の多くは宿泊業から煮売り商いなど飲食業に転業していった。町での商売に見切りを付け、新宿を去っていく者も多かったようである。新宿は大きく変貌していったが、それに追い打ちをかけたのが、幕府の厳しい取締りであった。

享保五年（一七二〇）七月、旅籠屋から煮売り商いに転業していた三〇人が、旅人はもちろん、親類であろうと宿泊させることはしない、親類の者を泊める場合は届け出たうえで宿泊させる、という内容の証文を提出している。親類の者と偽って、旅人を泊めているのではないかと疑われていたのである。同一一年七月にも、同様の吟味がおこなわれている。

享保七年四月には、食売女・遊女はもちろん、それに似たような女性を置いている者はいないかと吟味を受けている。宿場廃止後も、何度となく、この種の吟味を受けていたようである。一一年一〇月にも、同じような吟味を受けている。

新宿は宿場町としての景観を急速に変え、町は急速に寂れていった。そのため、この状況に危機感を抱いた新宿の町人は、宿場再開を目指して奔走していく。

再興運動の開始

廃宿から五年を経過した享保八年七月、高松喜六ら四名は道中奉行所に、宿場再開を次の通り願い出た。

乍恐書付を以奉願上候

一内藤新宿開発請負人共申し上げ候、当宿の儀、御伝馬宿に願い上げ奉り候義、高井土宿より江戸迄、人馬附送り道法、遠近御座候て、往還り拾弐三里の道法御座候、高井土上下の宿御伝馬役の者共、久年難儀に及び申し候に付、内藤宿の儀は、江戸伝馬町・高井土宿両所之中程に御座候に付、拙者共、御伝馬宿に願い上げ奉り候えは、御吟味の上、弐拾六年以前、元禄十一寅年、御伝馬宿に開発仰せ付けられ、数年御伝馬継合相勤め申し候ところ、六年以前戌年、御伝馬継合御止め遊ばされ候ゆえ、恐れながら仕馴申し候家業に相離れ、馬持・日用人足等は申し上げるに及ばず、家持共段々困窮仕り、渡世送り兼ね迷惑至極仕り候、御慈悲を以って、先規の通り、御伝馬継合仰せ付け下され候へは、大勢の者共、御救に罷り成り、有りがたく存じ奉り候、其の上、江戸伝馬、并びに高井土上下の宿、御助けに罷り成り申すべくと、恐れながら存じ奉り候間、御吟味の上、障る義も御座なく候はば、先規の通り、御伝馬宿に仰せ付け下され候ように願い奉り候、左候はば、冥加金として、新金千百両差し上げ申すべく候（「高松家文書」）

願書の前半部分では、新宿が開設されるにいたった経緯が述べられている。ところが、享保三年に廃宿となったため、それまで旅人を相手に生計を立てていた新宿の町人は家業を奪われることとなった。旅籠屋ばかりでなく、宿駅業務を担っていた運送業者や人足も仕事を失ってしまった。新宿の町人も困窮し、暮らしに困っている。よって、お慈悲をもって、宿場の再開を許していただければ、多くの町人が助かる。新宿が宿場の業務を再び開始すれば、伝馬町や高井戸宿の町人も宿駅業務が軽くなって、同じく助かるという趣旨であった。

内藤新宿の廃止後、伝馬町はふたたび江戸市中の公用荷物を高井戸宿まで運んでいた。高井戸宿も、西の府中宿から送られてきた荷物を江戸まで運ばなければならなかった。日本橋～高井戸宿間は四里以上あり、東海道品川宿・中山道板橋宿・日光街道千住宿と比べれば倍の距離であった。高松喜六らが、新宿が宿場の業務を再びおこなうようになれば、伝馬町や高井戸宿の負担が軽くなると述べているのは、このことが念頭に置かれている。この倍の負担が、新設の時と同様再開の理由にもなっていたわけであるが、喜六らは宿場再開が許された暁には、冥加金として新たに一一〇〇両を献上したいと申し出ている。

大枚五六〇〇両の上納金で宿場の開設が許されたものの、わずか二〇年で新宿は廃宿となり、このままでは、上納済みの四四六四両が結局無駄となってしまう。未納分の一一三四両にしても、廃宿の時に納入を約束させられていた。新宿を江戸近郊の繁華街として開発・発展させることで、投入した資金や幕府役人などへの運動費を回収し、利潤を得ようとしていた喜六らとしては、何としても宿場を再開させたかったに違いない。このような事情を背景に、新たに一一〇〇両の冥加金を負担してでも、再開を願ったのであろう。

しかし、喜六らの願いは、この時は認められなかった。その後しばらく、再開へ向けての動きはみられなかったが、突然、思いがけない人物から、新宿は宿場再開を勧められるのである。

伝馬町の新宿再開願い

享保二〇年（一七三五）閏三月二九日、伝馬町の町人が南町奉行所に呼び出された。

享保二十年卯閏三月二九日、越前守様御番所へ此方召し出され、公事跡にて御意成され候は、内藤新宿馬継の儀相願い候はゝ、救の筋にも成るべくよう思し召し上げられ候よし、御意遊ばされ候に付き、四月三日、両伝馬町寄合候ところ、所の者存じ寄り承け届け候上、相談致すべき旨にて、則ち両伝馬町役人久兵衛・留兵衛、内藤新宿へ罷り越し、名主・年寄へ面談致し候ところ、願の儀一決仕らず候よし、返答これあり候事（『御伝馬方旧記』）

当時、江戸南町奉行を勤めていたのは大岡越前守忠相であった。伝馬町の町人はその大岡から、新宿の宿場再開を願い出れば、伝馬町としても宿駅業務上都合が良く、助かるのではないかという意向を伝えられたのである。伝馬町では、新宿側の考えを聞いたうえで対応を決めようということになり、町役人が名主高松喜六らに面会して、大岡の意向を伝えた。

宿場再開は喜六らの念願するところであったが、なぜか新宿側は、再開願の提出について意見がまとまらなかったようである。突然の申し入れであったこと、正式に願い出るとなると、運動費も含めてもろもろの費用がかかるため、その負担をめぐってまとまりがつかなかったのかもしれない。

四月二八日、伝馬町は単独で、南町奉行所に宿場再開願を提出する。願書では、新宿の廃宿によって、江戸から四里以上ある高井戸宿まで公用荷物を運ばなければならなくなったことが強調されていた。宿場再開となれば伝馬町はもちろん、甲州街道を往来する旅人にも恩恵となると述べ、再開を求めている。

伝馬町を介するという形で、新宿の宿場再開を大岡が勧めた理由であるが、新宿廃宿によって宿駅業務が重くなっていた伝馬町への配慮があったことは間違いないであろう。ただ、ここで注意したいのは、大岡が享保五年以降、江戸市中の岡場所取締りに熱心であったことである。

新宿の廃宿は、大岡が率先して実行したわけではなかったと思われるが、風紀統制の強化、遊興地の取締りには断固たる姿勢で取り組むという、将軍吉宗の強い意思を示す象徴的な出来事であった。その吉宗の意向を江戸の町において実現していったのがほかならぬ大岡であった。しかし、遊興の町に戻る危険性がきわめて高い新宿再開を勧めるのは、享保五年以降、大岡が進めてきた岡場所取締りの方針と矛盾するものであった。

いったん宿場再開を認めてしまえば、済し崩し的に遊興の町に逆戻りし、元の黙阿弥となる危険性は、岡場所取締りに日夜悪戦苦闘していた大岡自身が一番よく認識していたであろう。新宿再開は吉宗の意向に背くものでもある、という意見も当然幕府内にはあったと思われる。

しかし、それでも大岡が動いたのは、甲州（青梅）街道の交通事情を踏まえると新宿（宿場）はやはり必要であるという認識を、廃宿後二〇年近くを経過して持つようになっていたからではないだろうか。実は、大岡はこのころ、両街道の交通事情を充分に把握できる立場にいたのである。

大岡と交通行政

大岡は享保七年（一七二二）より、地方御用掛を兼務していた。地方御用掛とは関東農村の新田開発を担当する役職であったが、なかでも江戸西郊の武蔵野新田の開発に力を注いでいた。この地域の開発にとり、基幹道路である甲州・青梅街道が重要な意味を持っていたことはいうまでもない。大岡の配下も新田の御用で両街道をたびたび通行したわけであり、新宿廃宿のデメリットは認めざるを得なかっただろう。

大岡配下の代官には、東海道川崎宿の問屋役から抜擢した田中休愚のような人物もいた。その著書『民間省要』は幕府の農政に対する意見書であったが、休愚が宿場役人の出身であったため、宿場が抱える問題も詳しく述べられているのが特徴である。こうして、大岡は江戸と武蔵野・多摩地域を結ぶ甲州街道や青梅街道の道路事情に精通し、交通行政に対する認識を深めていったと思われる。大岡が宿場再開に傾いていったのは、自然の流れだったのではなかろうか。

次章以降で見ていくように、当時、江戸に生活物資を送る産業道路として甲州（青梅）街道の交通量は増加しており、道路行政上、その重要性を日増しに高めていた。単に公用人馬の提供という面だけでなく、こうした実態を総合的に捉えた結果、大岡は宿場再開を伝馬町に勧めるにいたったのであろう。

いずれにせよ、江戸町奉行が宿場再開を容認する立場を取っていたことだけは確かである。しかし、これは、伝馬町を支配下に置く町奉行の判断だけで決められる問題ではなかった。当の新宿や高井戸宿、両宿を支配する代官所や上司である勘定奉行、そして勘定奉行もその一人である道中奉行の意向にも配慮しなければならなかった。関係機関への根回しだけでも、相当の時間が必要である。伝馬町の宿場再開願が、この後、どのように取り扱われたかはわからない。ただ、『享保撰要類集』によれば、高松喜六らや伝馬町以外にも、宿場再開を願い出る動きは当時みられたようである。

願書を出した者の名前は不明であるが、この者は、宿場再開が許されれば、将軍の別荘である浜御殿(現在の浜離宮)の維持費として三〇〇〇両を負担すると申し出ていた。たとえ三〇〇〇両の出費があっても、新宿が宿場であり続ければ、その分は取り戻せるという強気の読みがあった。高松喜六らと同じように、新宿を江戸近郊の繁華街にすることで投入した資金を回収し、利潤を得ようとしたわけである。新宿の宿場再興運動の裏では、さまざまな欲望が渦巻いていた。それだけ新宿の町が、江戸の町人にとって魅力的な投資対象であったこともよくわかるといえよう。

再興運動の頓挫

各方面から活発に展開された宿場再開願に対して幕府の結論が出されたのは、元文二年(一七三七)七月一二日のことである。この日、南町奉行松波正春は、将軍吉宗の側近として幕府政治に強い影響力を持っていた御側御用取次の加納久通に、宿場再開に関する評議書を提出した。

実は、前年の元文元年八月一二日、物価・金融政策をめぐって江戸の両替商と激しく対立した大岡は、両者痛み分けの形で寺社奉行に栄転させられ、二〇年以上の長きにわたって勤めた江戸町奉行職を解かれた。その裏には、将軍吉宗の信任が厚く、町奉行として幕府政治にも大きな発言力を持っていた大岡の政治的立場を弱めようとする勢力の画策があったという。後任として南町奉行に就任したのが勘定奉行から転任してきた松波であったが、松波は大岡と対立した両替商側の人物ともいわれる。

宿場再開に積極的だった大岡が町奉行職を離れたことは、この問題に暗い影を落としたようである。松波が上申した評議書を見ると、新宿の意思は不明であるが、伝馬町や高井戸宿は宿場再開に何ら支障はないと申し立てていた。しかし、松波は宿場再開には否定的な見解を取り、評議書の趣旨も、そうした立場を明確にしたものであった。宿場再開を認めると、済し崩し的に食売女が置かれ、結局元の黙阿弥になるという懸念があったようである。そもそも食売女に象徴される風紀の乱れが廃宿の大きな理由であり、その立場からすれば宿場再開を安易に認めるわけにはいかなかったであろう。

この上申内容を見た加納久通は、即日、宿場再開願を却下する旨を松波に伝えた（『享保撰要類集』）。幕府内にも内藤新宿の宿場再興に関してはさまざまな意見があり、意思が統一されていなかったことがわかるが、大岡が町奉行職にとどまっていたならば違った結果が出て、宿場再開がもっと早く実現していたかもしれない。

こうして、宿場再開に向けての動きは頓挫した。しかし、江戸の町人にとり、新宿の町が魅力的な投資対象である限り、その動きは決して止むことはなかった。そして、新宿のみならず近隣の村も、そうした動きに巻き込まれていくのである。

二　角筈村への宿場設置運動

商業の村

宿場再開運動に巻き込まれていったのは、新宿のすぐ西隣に位置する角筈村である。この村の南端には甲州街道が、北端には青梅街道が走り、その西側には成子町・淀橋町が位置していた（図18）。現在の新宿区西新宿にあたり、東京都庁をはじめ超高層ビルが林立する都心部であるが（図19）、新宿が宿場であった時は近隣二四か村が勤める助郷村の一つであった。

角筈村は普通の村とはかなり違う景観を持っていた。村といっても、村民が従事する産業によって、農村であったり、漁村、山村であったりする。角筈村には、田んぼも畑も、森も林もあり、川（用水）も流れていた。農村なら田畑、漁村なら漁場、山村なら森林というように、村民はその土地からあがる収穫物をもって生計を立てるのが普通であったが、角筈村の村民の多くは商業活動で生計を立てていた。

文政八年（一八二五）の数字によれば、村民の大半は商売を営むか、職人であった。商業に従事していた一〇四人の生業をみると、米屋・八百屋・食物屋・豆腐屋・水菓子屋・荒物屋・小間物屋・植木屋など実に多彩で、角筈村の村民は、生活に必要な品は村内ですべて賄えるといってもよいほどであった。職人は一八人を数え、大工・建具・左官・鍛冶などに従事していた。角筈村は農業生産力に依存する村

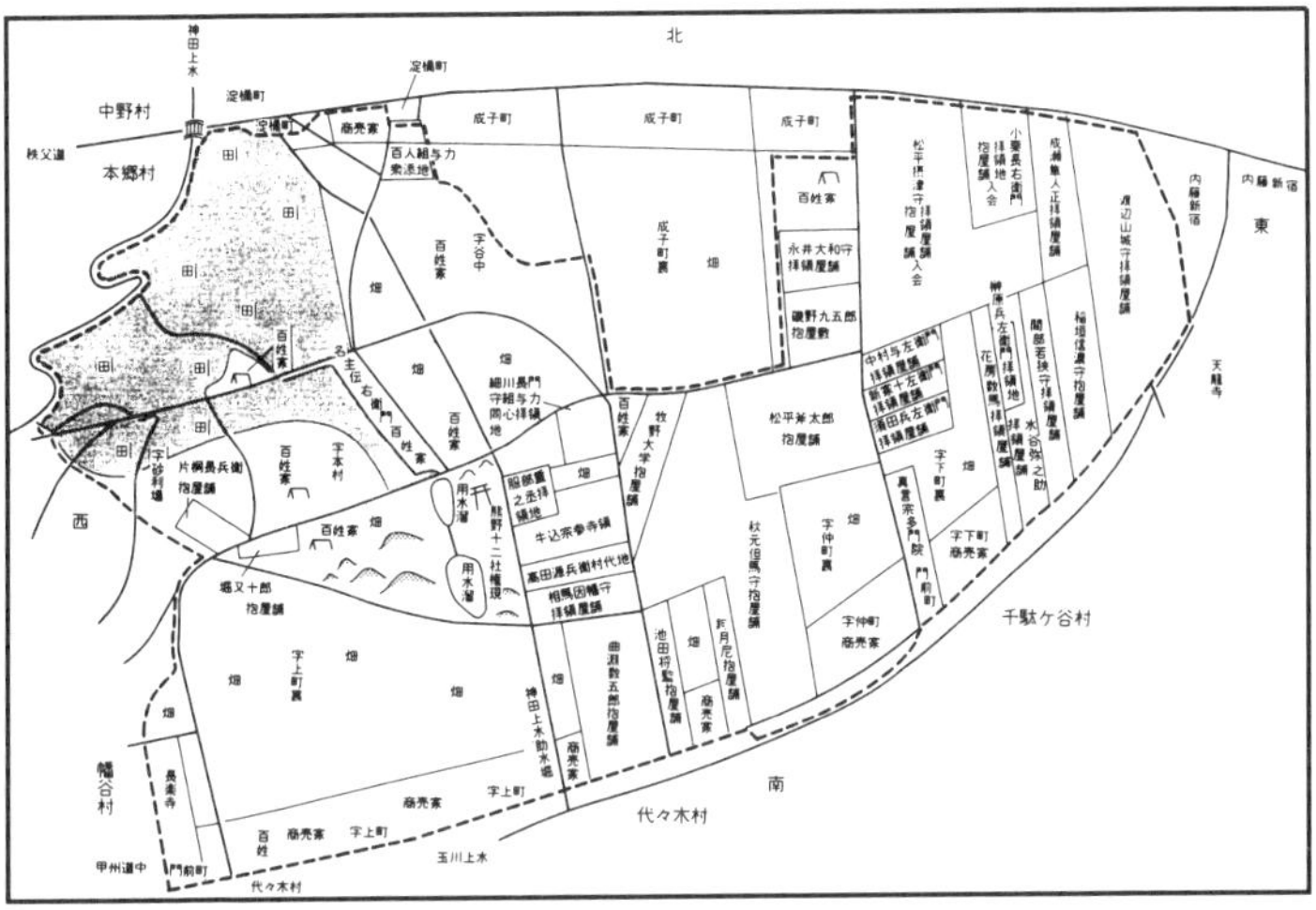

図18　角筈村（中央部が現在の新宿都庁街にあたる。下図参照。
『武蔵国豊島郡角筈村名主渡辺家文書目録』より）

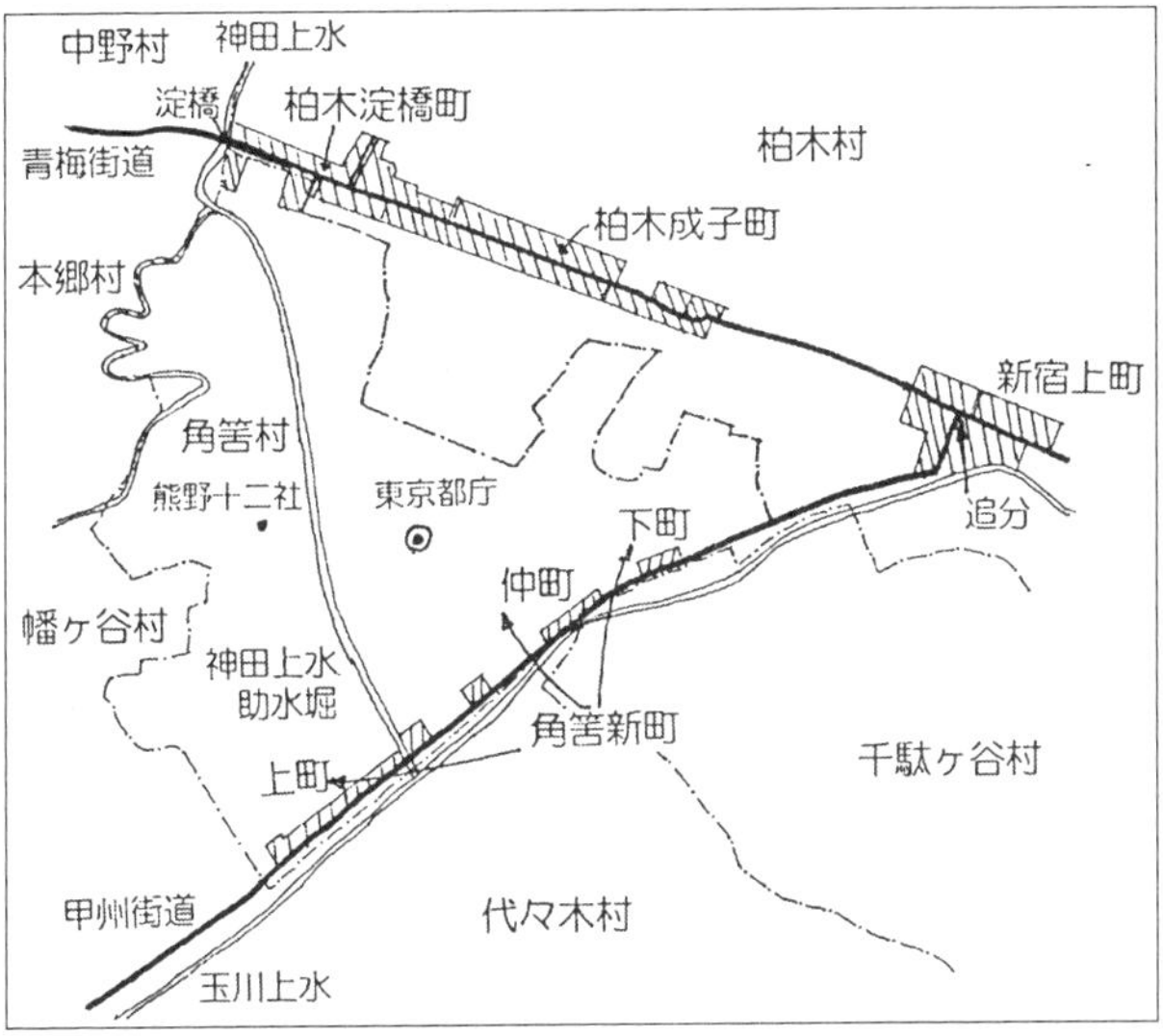

図19　角筈村の周辺略図

表2　角筈村商人・職人表（文政8年）

商人職種	青物商売	14人
	多葉粉・荒物商売	7人
	舂米屋	6人
	馬宿・糠食類商売	6人
	塩肴屋	5人
	菓子商売	5人
	酒食商売	5人
	水菓子屋	4人
	豆腐商売	4人
	植木商売	4人
	八百屋商売	4人
	小間物商売	3人
	古鉄買	3人
	麺類商売	2人
	足袋屋	2人
	材木商売	2人
	油蝋燭商売	2人
	質・古鉄・古着商売	2人
	古着・古道具商売	2人
	種物商売	2人
	荒物・木綿類商売	1人
	小間物兼挑灯屋	1人
	傘提灯屋	1人
	篭屋	1人
	舂米・糀商売	1人
	材木・藁商売	1人
商人職種	棒屋・馬具商売	1人
	馬具商売	1人
	下駄商売	1人
	酒食商売兼薬種	1人
	瀬戸物糸類商売	1人
	多葉粉入商売	1人
	湯屋	1人
	漬物商売	1人
	質・古鉄・酒造・穀物渡世	1人
	質・古鉄・酒商売	1人
	質・古鉄・荒物・米商売	1人
	舂米・古鉄商売	1人
	古着・古道具・古鉄買商売	1人
	質・穀物商売	1人
	小　計	104人
職人職種	大工職	7人
	鍛冶職	5人
	屋根職	1人
	建具職	1人
	左官職	1人
	桶屋職	1人
	紺屋	1人
	経師屋	1人
	小　計	18人
	計	122人

※「渡辺家文書」により作成

というより、むしろ商業活動で成り立っていた村であった（表2）。

絵図（図18）からは、「字下町商売家」「字仲町商売家」というように、商売家が街道沿いに立ち並んでいることが確認できる。宿場町ではなかったため旅籠屋こそなかったものの、それを除けば宿場町とあまり変わらない景観であった。

角筈村に限らず、江戸近郊の農村地帯は大なり小なり江戸の影響を受けて、地方の村とは異なる景観を持っていた。角筈村の場合は、甲州街道に面する地域が新宿に連なる形で町場化していたのである。そのため、新宿の宿場再開計画が頓挫すると、新宿に代って角筈村内に宿場を造成しようという計画が持ち上がることになる。

願書の提出

「渡辺家文書」によれば寛保元年（一七四一）九月一八日、麹町三丁目（現千代田区麹町）に住む喜右衛門と多兵衛、浅草福井町（現台東区浅草橋）に住む彦市が連名で、角筈村名主渡辺与兵衛ら同村の村役人三人と証文を取り交わしている。新宿に隣接した甲州街道沿いの村という地理的条件に目をつけた喜右衛門らが角筈村内の新町と呼ばれた場所に宿場を新設する計画を与兵衛らに持ちかけたのである。新町とは、新宿追分に続いて町場化が進んでいた地域であり、図19にある字上町・仲町・下町を総称した地域のことである。

与兵衛らは、この計画に賛同した。そして、宿場新設が許可さ

かつて角筈新町と呼ばれた地域

れた場合に必要となる冥加金など諸経費について、喜右衛門がその半分を負担し、残り半分は喜右衛門以外の五人で負担することで話がまとまったため、証文が作成されたのである。

麹町は新宿と同じく、甲州街道に面した町であった。半蔵門から西へ、麹町・四谷・新宿・角筈村という順序になる。麹町と角筈村の距離は二キロメートルほどで、麹町に住む喜右衛門らは、角筈村の地理的条件などは充分に把握していただろう（図4）。高松喜六らと同じ浅草の町人が名を連ねていることも、興味深いところである。

この証文が取り交わされた後、実際に宿場新設願が提出されたかどうかは不明であるが、延享三年（一七四六）には、今度は太七という者が角筈村の村役人に宿場新設の話を持ちかけ、幕府に願書を提出している。太七も江戸の町人であり、同じく新町の地を宿場として考えていた。

この年の一〇月一九日、角筈村や新宿を支配する代官舟橋安右衛門から伝馬町の名主・年寄のもとに、宿場の件で尋ねたいことがあるので明日出頭するようにと沙汰があった。翌二〇日、伝馬町の者が代官所に出向いたところ、次のような話であった。日本橋〜高井戸宿間は四里以上もあるのに、途中に宿場がないため、特に風雨の際は宿駅業務が難儀と聞く。よって、途中の角筈村に宿場を新設したいと願い出ている者がいるが、角筈村に宿場が新設された場合、伝馬町では何か支障があるかという。翌二一日、伝馬町は江戸町奉行の馬場谷繁・能勢頼一に、次のように返答した。

一大伝馬町・南伝馬町名主共申し上げ候、昨廿日、舟橋安右衛門様御役所へ召し呼ばれ、甲州海道、江戸より高井戸迄道法遠く、人馬難儀仕り候よし、これに依り、四谷町続き角筈村に、御伝馬継に新宿取り立ての願人これあり、私共相障る儀これなきやと御吟味御座候、尤障の有無ご返答申し上げ候ように仰せ付けられ候、右新宿馬継に罷り成り候ても、私共方に相障る儀御座なく候に付き、其の段御返答申し上げ候（『御伝馬方旧記』）

伝馬町側では、角筈村に宿場が新設されても何の支障もないと答えている。二三日には、代官所にも同様の返書を提出している。おそらく高井戸宿にも同じお尋ねがあり、同様に返答したことであろう。

翌延享四年一月一七日、伝馬町の者は再び代官所から呼び出された。代官からは、角筈村に宿場が新設された場合、江戸～高井戸宿間の人馬賃銭（御定賃銭）を基準値として、江戸～角筈村間、角筈村～高井戸宿間の人馬賃銭を設定しても支障はないかと尋ねられている。一八日、伝馬町は代官役所に、何の支障もないと返答している。町奉行所にも、同じことを報告している。

新宿に代って角筈村に宿場を新設する計画は、かなり現実味を帯びていた。しかし、この話も頓挫する。新設が認められれば相当の冥加金を納めると太七は申し出ていたと思われるが、この願いも認められることはなかった。新宿の反発もあったと推測されるが、やはり元文二年の時と同じく、風紀上問題があるとして、幕府は宿場新設を認めなかったのであろう。

宿場の経済効果

しかし、その後も、角筈村に宿場を新設しようとする動きが止むことはなかった。宝暦二年（一七五二）一二月には、今度は角筈村のなかから動きが生まれる。佐四郎と養助という二人の村民が、名主の渡辺与兵衛ら村役人に宿場新設計画を持ちかけ、村役人側も賛同したのである。

佐四郎らは、宿場新設が認められた暁には、新宿が未納のままである例の上納金一〇〇〇両余を代って納め、完納後は新たに、毎年一〇〇両ずつ上納するという条件で宿場新設を願い出るという構想を持っていた。ただし、新宿開発人の高松喜六ら四人が分割して上納することになっていた未納金は、延享元年（一七四四）にいたり、納めなくてもよいと申し渡されていた。

さて、ここで注目したいのは、宿場新設が認められれば土地がことのほか潤うと、佐四郎らが願書で述べていることである。

御吟味の上、御免仰せ付けられ下し置かれ候はば、土地殊の外潤い、困窮の村方御救と罷り成る。

（『渡辺家文書』）

佐四郎らが、宿場新設がもたらす経済効果に大いに期待を寄せていることがわかるが、それは与兵衛ら村役人も同じであった。つまり、大きな経済効果が期待でき、自分らに利益がもたらされるからこそ、重い負担を負ってでも、佐四郎らが持ちかけた話に村役人側も飛びついたのである。高松喜六らが、大金を投資してでも宿場開設に奔走した本当の目論見が、はからずも裏付けられた格好になっている。

このころ刊行された『江戸砂子補正』に、「山師とも願」によって新宿再興が実現されたと記されていることは興味深い。当時の人々が、宿場再興運動をどのように見ていたのかがよくわかる表現である。宿場再興運動の本質をついているといえよう。

ポスト新宿をめぐって、さまざまな利権・思惑が複雑に絡み合いながら、宿場再興運動は展開されていった。角筈村も否応なくその渦の中に巻き込まれていったが、高井戸宿までの宿駅業務を担う伝馬町からしてみれば、その中間点に宿場が再び置かれるのならば、新宿・角筈村のどちらであろうと構わないというのが本音だったのではなかろうか。そうした事情は、高井戸宿も同じであろう。

幕府としても、交通行政の観点からいえば、伝馬町・高井戸宿双方の宿駅業務を軽くするためにも、江戸~高井戸宿間に宿場を設置する方が望ましかったことはいうまでもない。しかし、風紀統制の方を重視した結果、この時点ではまだ宿場の再開を認めることはなかったのである。

角筈村に宿場を新設しようとする動きは、この後、明和七年（一七七〇）にもう一度起きる。延享三年に願書を提出した太七が、角筈村を巻き込んで再び願書を提出しようとするのである。しかし、角筈村に新設する計画は幻に終わり、新宿が復活するという結末を迎える。しかし、新宿にせよ、角筈村にせよ、江戸~高井戸間に宿場を置くことを拒絶し続けていた幕府が、なぜ再開を認めたのであろうか。幕府の交通行政に変化が起きていたのである。

三　新宿の復活

宿場・助郷村の困窮

新宿廃宿後に展開されたさまざまな動きを、新宿や角筈村の動向を中心に概観してきたが、以下、甲州街道や新宿からは少し離れ、他の街道の交通事情を見てみたい。

新宿再興運動が展開されていたころ、道中奉行が直面していた課題に、困窮の度を深める宿場と助郷村の救済があったが、これは公用通行量の増加を原因とするものであった。

宿場とは、公用通行をスムーズに進めるために設置されたものであったが、通行量の増加に伴い、宿場が調達を義務づけられた人馬の数は増加していった。特に、中山道の公用通行量の増加には甚だしいものがあったという。当然、宿場の財政は悪化していったが、疲弊したのは宿場だけではなかった。その負担は結局助郷村に転嫁され、助郷村も同じく疲弊していった。

そうした折、宝暦一一年（一七六一）九月、勘定奉行に抜擢された安藤弾正少弼惟要は道中奉行兼務となった。この後、安藤が中心となり、助郷村を増やしていく形で、増加の一途をたどる公用通行の負担を村に転嫁する一方、幕府の懐を痛めない形での宿場助成策が押し進められていく。

しかし、新たに助郷村に指定された村々は当然猛反発することとなった。明和元年（一七六四）八月以降、中山道に対してこの増助郷の方針が採られていくが、当事者である武州・上州・信州の村々は閏一二月、助郷村指定に反対する百姓一揆を起こしている。伝馬騒動と呼ばれたこの百姓一揆は中山道を通って江戸に向かう勢いを示したため、幕府は急遽その撤回を余儀なくされたほどであった。この時、事態の鎮静化に大きな役割を果たしたのが、後に登場する関東郡代伊奈忠宥であった。

すでに幕府は、個々の宿場や街道ごとに、拝借金を下げ渡したり御定賃銭を増額するなどの形で助成をおこなってきた。しかし、とりわけ各街道最初の宿場である品川宿・板橋宿・千住宿の場合は、公用通行だけでなく、さまざまな御用のため苦しんでいた。何らかの助成が早急に必要な情勢であったが、幕府の財政難もあり、その懐を痛めずに解決する策が求められた。そこで安藤が取った苦肉の策が、三宿の食売女の定員を増やすことだったのである。これが、新宿再興の追い風にもなるのである。

品川宿大騒動

伝馬騒動が起きた年と同じ明和元年に、品川宿のうち歩行新宿の旅籠屋足立屋藤四郎方から食売女の「さよ」が逃げ出し、吉原に駆け込む事件が起きた。宿場の旅籠屋は一軒につき食売女は二人まで置くことができたが、足立屋ではこの規定が守られていないことを、さよは申し立てたようである。

吉原の訴えを受け、町奉行所の役人が足立屋に踏み込み、藤四郎を捕らえて引き立てていった。この一連の騒ぎにより品川宿は恐慌状態に陥ってしまい、他の旅籠屋でも食売女はもちろん、奉公人が次々と逃げ出す始末であった。他の旅籠屋でも、規定以上の食売女を置いていたため、それが発覚するのを恐れたのであろう。

吉原からの訴えを受けて町奉行所が品川宿を吟味することは、これまで幾度もみられた。享保三年（一七一八）に、旅籠屋一軒につき食売女が二人に制限された後も、寛保二年（一七四二）を最初として、以後十数回、品川宿は吟味を受けていた。そのたびごとに違反した旅籠屋は営業できなくなり、宿場も余計な出費が嵩んで困窮していったようである。

吉原にとり、品川・板橋・千住宿は商売敵にほかならず、特にその筆頭である品川宿の違反行為は見過ごせるものではなかった。そのため町奉行所に何度も訴え出たわけであるが、今回の訴えは吉原はもちろん、品川宿にとっても思わぬ結果を生むことになる。

支配下の品川宿が動揺している様子を見兼ねた関東郡代伊奈忠宥は、七月二二日、同宿の名主と店頭を呼び出した。そして、旅籠屋はみな家業に支障をきたし、あるいは迷惑していることもあるのではないかと尋ねたうえで、この現状に対し、旅籠屋が思っていることや困窮している理由などを遠慮なく書面にしたためて差し出すよう命じたのである。これを受けて、品川宿は次のような内容の嘆願書を提出する。

品川宿では、鷹場役人の御用宿や公用通行の休憩所・宿所を多く勤めているため、旅籠屋が勤めなければならない御用向には日々夥しいものがある。この負担に耐えかね、潰れる旅籠屋も多いのが現状である。享保一九年ごろは、北品川宿・南品川宿・歩行新宿合わせて一八〇軒はあった旅籠屋が、現在では八〇軒にも満たない。

旅籠屋としては、この夥しい量の御用宿を勤めるには、規定数の奉公人では給仕などが間に合わない。裁縫や下働きの女奉公人を雇ったり、臨時に近所の農民・町人の娘や女房まで雇っている。そのため、規定数以上の食売女を抱えているように見えるが、実際は違う。こうでもしないと旅籠屋としてやっていけないのである。しかし、一方では、食売女が規定以上置かれているとして、寛保二年以来、十数度にわたって町奉行所の吟味を受けているため、余計な出費が嵩み、難儀している。

そして、今度の騒ぎでは、他の旅籠屋からも奉公人や食売女が逃げ出す始末で、大切な御用宿のお勤めもままならない。このままでは旅籠屋がますます困窮するばかりか、宿場に朝夕出入りする野菜売りの者も商売ができない。日雇の者も仕事がなくて困っている。つまるところ、宿場も困窮して、宿駅業務が勤められないことになる。よって、私どもの窮状を御賢察のうえ、旅籠屋が営業を続けられるよう、お慈悲をお願い致します、というのが書面の趣旨であった。

次に掲げるのは、この書面の末尾の箇所である。

恐れながら、御賢察の御憐愍を以って、当宿旅籠屋共の儀、恙なく宿御用相勤り、取り続き罷り在り候ように、幾重にも此の上の御慈悲願い上げ奉り候

宿場の財政は、品川宿に限らず、旅籠屋や茶屋から徴収する役銭で支えられていた。そのため、利用

客が増えて繁盛することは宿場財政に大きな効果があった。幕府はこの関係を踏まえ、宿場の繁栄を助成する手段として、食売女を置くことを認めていた。

ところが、町奉行所による取締りが厳しいため、宿場の景気も沈滞化して役銭などの徴収も滞り、それが宿場財政に跳ね返るという悪循環に品川宿は陥っていた。そうした事情は、板橋宿・千住宿でも同様であった。品川宿としては、何らかの助成金の給付（貸付）か、あるいは食売女の取締りを少し緩めて欲しいと暗に願ったのであろう。

品川宿の窮状を訴える嘆願書をみた道中奉行所は、八月七日、品川宿ばかりか、板橋宿と千住宿の名主・店頭・旅籠屋惣代までも呼び出した。そこで、宿場側が狂喜してしまいそうなことを申し渡したのである。

食売女の増員

まず、品川宿には次の通り申し渡した。

一体、品川宿は泊り旅人は少く候えども、江戸出立、并びに到着の休み多き場所に付き、一人・二人の食売女にては手廻り申さざる段、相違なく相聞え、右旅籠屋共は、品川宿家持の者共少く、地借りの者共に付、家業手支え、地を明け店替致し候もこれあり、既ニ三拾年程以前は旅籠屋百八拾軒程これあり候ところ、当時九拾軒程に相成り、地主共農人にて、地代・店賃の余力を以って、宿役相勤め候ところ、右体軒数相減り候ては、自然と地主共困窮に相成り、殊に五街道の内にても、泊り旅人の助成は少く、宿継御用其の外宿送り等の取り計らい多く、或は江戸入継人馬戻の稼これなき段相違なく、外宿々とは、格別の思召を以って、是迄は食売女、南北品川にて旅籠屋壱軒に二人宛、歩行新宿は壱人宛、御定法に候ところ、以来本宿・新宿の差別なく、并びに壱軒に何人と限らず、品川三宿食売女、都合五百人迄は、相抱え申すべき旨仰せ渡され候（「品川宿食売増人数御免一件之書留」）

品川宿は元来、宿泊する一般の旅客は少ないため、旅籠屋の収入はあまり上がらず、宿場も潤っていない。しかし、公用通行が多いため宿駅業務は重い。これでは御用向は果たせない。よって、今回「格別の思召」をもって、宿場全体で食売女を五〇〇人まで置くことを認めるというのである。当時、旅籠屋の数は品川宿の嘆願書によれば八〇軒、道中奉行の申し渡し書によれば九〇軒であり、食売女は一六〇〜一八〇人は置ける計算であったが、今回、一躍二〜三倍の増員が認められたのである。この後、人数が増え、天保一五年（一八四四）には一三五八人を数えた。さすがに幕府も目をつぶるわけにはいかず、この時強制的に五〇〇人に減らしている。

また、板橋宿と千住宿に対しても、品川宿と同じ理由により、食売女を一五〇人まで置くことを認めている。享保一九年ごろには、板橋宿に七三軒、千住宿には七二軒の旅籠屋があったが、明和元年当時、板橋宿は七軒、千住宿は二三軒しか営業しておらず、規程の食売女の数はそれぞれ一四人、四六人となる。それが、板橋宿は一〇倍以上、千住宿は三倍以上の増員が認められた計算である。吉原にとっては、青天の霹靂としかいいようがなかったであろう。

さらに、この時老中から町奉行に対して、次の達しがなされている。

品川・板橋・千住宿旅籠屋食売女、唯今迄壱軒に両人ずつ差し置き候ところ、此度道中奉行にて吟味の上、右三宿ばかり、食売女人数増申し渡し候、以来御定より過人数差し置き、或いは紛わしき筋もこれあり、町方より捕方等差し遣わし候儀も候はゝ、道中奉行へ懸け合いの上、差し遣わし候よう心得らるべく候（『御触書天明集成』）

今後、品川宿が五〇〇人、板橋・千住宿が一五〇人を越える食売女を置くような違反があり、奉行所の役人を派遣する場合は、前もって道中奉行に掛け合ったうえでのことにするように、というのである。これまでも、道中奉行に掛け合いのうえで町奉行所は役人を派遣していたと思われるが、改めて指令を下している点に、道中奉行所による町奉行所への牽制を感じざるを得ない。こうした形でも、道中奉行は宿場を助成していたといえよう。

宿場の困窮は、何といっても公用通行の増大が原因であり、幕府がその量を減らすか、宿場に相応の助成をおこなえば解決する性格のものであった。しかし、幕府役人の通行も大名の参勤交代も減らすわけにはいかず、金銭での助成も財政難のため無理であった。そこで、食売女の増員という形で宿場を繁華街として繁盛させ、その利潤が回り回って宿場財政の助成につながっていけば、公用通行を減らさなくても、金銭を助成しなくても済むことになる。そういう目論見のもと、幕府は食売女の増員を認めたのである。

弾正日待

さて、今回の食売女増員の経緯を振り返ってみると、不自然な点がいくつも挙げられる。一つは、品川宿が嘆願書を提出してからわずか半月ほどで食売女の数を五〇〇人まで認めると幕府が申し渡している点である。唐突の感は否めないであろう。品川宿にしても、食売女の増員を願ったわけではなく、取締りを緩めて欲しいぐらいの希望であったと思われる。板橋・千住宿にいたっては、道中奉行所に嘆願書を提出したわけでもなかった。

ところが、幕府の方から半月を置いて三宿に対し大幅な増員を認めたということは、最初から増員を申し渡す腹づもりであったと考えざるを得ないであろう。品川宿が提出した嘆願書には、旅籠屋が営業を続けられるよう、お慈悲をお願い致します、という文言があるが、うがった見方をすれば、書面の作成に道中（勘定）奉行の関与を見ることもできよう。

当時、幕府の交通政策においては、公用通行の増大を原因とする困窮から宿場を救済することが大きな課題であった。特に、品川・板橋・千住宿は宿泊客が少ない割には御用宿を勤めることが多いため、幕府としては、何らかの形で助成することは避けて通れない情勢であった。食売女の増員は、その切り札であったといえるが、一種の禁じ手でもあった。町奉行所は、吉原からの要請や風紀上の問題もあってその取締りには熱心であり、食売女の増員が幕府の首脳部から反対されることは当然予測されるところであろう。同じ理由から、新宿の再興は何度も却下されていた。

そのような折、町奉行所による品川宿への吟味があったわけであるが、道中奉行の安藤は、今回の騒ぎを逆に利用して、食売女の増員を実現してしまおうとしたのではなかろうか。

つまり、品川宿から御用向に耐えかねて宿場が困窮していると、支配筋の関東郡代伊奈忠宥に嘆願書を出させるのである。当時、伊奈は勘定吟味役を兼務していたが、勘定吟味役は道中奉行とともに、交通行政を担当する役職であったことに注意したい。そのうえで、三宿の助成問題を幕閣の評議にかけ、幕府財政や公用通行の問題を引き合いに出しながら、町奉行などの反対を抑えて老中に食売女の増員を認めさせたのではなかろうか。従来の方針とは異なり、幕府の財政事情に考慮して高度の政治的判断が下された結果、食売女の増員が許可されたのである。同じ八月に中山道筋の村々に増助郷が命じられたことを考えあわせると、この明和元年八月というのは幕府の交通行政の転機であった。それだけ、幕府の財政悪化が深刻であったということもわかる。もちろん、品川宿などからの働きかけも裏ではあったことだろう。

以後、品川宿では毎年八月七日を、安藤の名乗りである「弾正少弼」を取って「弾正日待」と称することとなった。毎年この日、安藤、伊奈、安藤の下で交通政策の実務を取った勘定組頭江坂孫三郎ら三人の肖像画や姓名を書いた軸物を掛け、中央に鏡餅、左手には赤飯、右手には神酒を供えて、祝杯をあげたのである（図20）。この行事は、明治初めまで続いたという。

明和の立ち返り駅

公用通行の増大による宿場の困窮、それを助成できない幕府の財政事情から、道中奉行は明和元年に中山道筋の村々に増助郷を命じる一方、品川・板橋・千住宿に対して食売女の増員を認めた。こうした幕府の姿勢の変化を見て、新宿も宿場の再興に向けて再び動き出していくことになる。

新宿にせよ、角筈村にせよ、幕府が宿場の設置を認めなかったのは、食売女が置かれて風紀が乱れるのを懸念したからであった。ところが、明和元年に幕府は品川宿などに食売女の増員を許可してしまった以上、新宿に対して、食売女を理由に再開願いを却下することはできにくくなったのではなかろうか。少なくとも新宿はそう考えて、宿場再興運動を再開したのであろう。

新宿は廃宿以来寂れていったが、この年（明和元年）の人口は二〇五五人であった。ところが、翌年

図20　弾正日待の図（『品川町史』中巻より）

には一七七七人に減っており、退潮傾向に歯止めがかかっていない。廃宿後、新宿の町人が他所から進出してきた者に屋敷地を売却したり、土地を抵当に借金する状況が一般化しており、町としての活力が低下していたという指摘もある。こうした状況への危機感も、再興運動に拍車を掛けていたようである。

明和七年（一七七〇）四月、宿場再開願いの提出に先だって、新宿では、町内の地主一五五人が高松喜六ら名主・年寄に対して、再開が許可された場合、以前と同じように宿駅業務に関する費用を負担するという証文を提出している。その後、喜六らは宿場再開願いを提出することになるが、新宿の動きに刺激されたのか、この時、角筈村でも宿場設置運動が再燃している。

同じ四月の一五日、例の太七と角筈村が証文を取り交わしている。太七と角筈村は、同村への宿場の設置を幕府に再び願い出ようとしていたのである。しかし、新宿側による道中奉行などへの工作のためか、角筈村への宿場設置は幻に終り、新宿再興に向けて事態は大きく進んでいく。

一一月一六日、道中奉行の安藤が伝馬町の者を呼び出し、新宿の宿場再開に支障はないかと尋ねている。二一日、伝馬町は何ら支障はないという返書を提出している。高井戸宿にも同じ尋問があり、高井戸宿は伝馬町と同様に答えたと思われる。ここまでは前回と同じであったが、今回の場合、幕府は宿場の再開を認める方針を取っていた。

宿場再開の場合、助郷村を勤める村の村高は総計九〇〇〇石ほどで支障はないかという代官所からの尋問に対し、翌八年二月、喜六らは何も支障はないと返答している。表3は、今回助郷村に指定された三三か村の村名と石高をまとめたものである。廃宿前の助郷村（表1）と比較すると、かなり変動があることがわかる。

現代の行政区画でいうと、以前は新宿区・中野区・渋谷区というように、割合近隣の村々が新宿に人馬を提供していたが、今回助郷役を勤める村は圧倒的に現世田谷区内の村であった。以前勤めていた村々の多くが幕府から他の役務を命じられていたため、代りに勤めることになったのだろう。しかし、新宿からはかなり遠かったため、当の村には大きな負担であった。新宿の再興は、近隣の村々にも大きな影響を与えることになるのである。

明和九年二月二〇日、伝馬町、新宿、そして助郷村を勤める三三か村が道中奉行所に呼び出された。

表3　新宿助郷表（明和9年以降）

	村名（現在の行政区画）	石　高
豊島郡	角筈村（新宿区）	720石
	代々木村（渋谷区）	379石
	幡ヶ谷村（渋谷区）	364石
多摩郡	雑色村（中野区）	338石
	本郷村（中野区）	251石
	井草村（杉並区）	150石
	和泉村（杉並区）	194石
	永福寺村（杉並区）	156石
	大宮前新田（杉並区）	470石
	遅野井村（杉並区）	150石
	高井戸新田（杉並区）	80石
	上荻久保村（杉並区）	267石
	烏山村（世田谷区）	1069石
	船橋村（世田谷区）	136石
	粕谷村（世田谷区）	85石
	下祖師谷村（世田谷区）	385石
	上祖師谷村（世田谷区）	334石
	廻り沢村（世田谷区）	246石
	給田村（世田谷区）	223石
	下北沢村（世田谷区）	310石
	代田村（世田谷区）	533石
	松原村（世田谷区）	347石
	池尻村（世田谷区）	41石
	上北沢村（世田谷区）	110石
	若林村（世田谷区）	180石
	太子堂村（世田谷区）	37石
	三宿村（世田谷区）	90石
	赤堤村（世田谷区）	230石
	経堂在家村（世田谷区）	305石
	下馬引沢村（世田谷区）	125石
	上馬引沢村（世田谷区）	211石
	野沢村（世田谷区）	180石
	牟礼村（三鷹市）	500石
計		9196石

※「高松家文書」により作成

明和九辰年二月廿日、道中御奉行安藤弾正少弼様より、御伝馬役一同罷り出るべき旨、仰せ越され候に付き、同日罷り出で候へは、御白洲へ召し出され、池田筑後守様御立会にて、先達て、四ツ谷内藤新宿の名主・年寄其の外五拾二人者共一同、御伝馬継宿に願い上げ候に付き、御紀明の上、今日仰せ付けられ候旨、仰せ渡され候、新宿より実取御年貢壱ケ年に金六両壱分宛、冥加金として、壱ケ年に金百五拾五両宛、永久に年々上納仕るべく候、古来、家数五拾二ケ所のところ、此の度三拾ケ所当時拵え、残り二拾二ケ所は、追々普請仕るべく候、尤花麗にこれなき様仕るべく候、飯売女百五拾人差し置き申すべく候（中略）助郷人馬三十三ケ村仰せ付けられ候（『撰要永久録』）

奉行の安藤から、願の通り新宿の宿場再興を認める、新宿は年貢のほか、冥加金として毎年一五五両を納めること、食売女は一五〇人まで置いてよろしい、助郷村は三三か村とする旨が申し渡されたのである。

四月一二日には、新宿の宿場再興が江戸の町に触れられ、一四日から、いよいよ宿駅業務が開始された。ここに、内藤新宿は五十数年ぶりに宿場として復活したのである。以後の新宿は、時の元号を取って、明和の立ち返り駅と呼ばれた。

第五章　江戸の産業道路

一　宿場の再開

冥加金の上納

明和九年四月より宿駅業務を再開した新宿の場合、心臓部である問屋場には、問屋役のほか、一七人の宿場役人が詰めていた。その内訳は、「問屋場常詰」が源左衛門で、毎日詰めていた。他に五人の者が「問屋場詰」として、毎日一人ずつ詰め、源左衛門を助けて宿場の事務を取った。「御上納会所掛り」として冥加金の徴収にあたる者が五人、会所の金銭出納にあたる「会所勘定役」が一人、同じく「払方添役」が二人、幕府役人が宿泊する際の接待係である「客賄方」が二人、宿駅事務を必要に応じて補佐する「諸向改役」が三人である。

御上納会所とは、新たに納めることとなった冥加金一五五両の集金・管理のため設けられた会所である。新宿は宿場再開に伴い、いったんは納めなくてよいとされた上納金の残り一一三六両と、以前火事に罹災して幕府から拝借したままであった二四四両の返納を命じられることになったが、その合計金額に若干上乗せして、返納金は計一四〇〇両と定められた。これを一〇年間で返還するということで、毎年一四〇両ずつの返納が命じられたのである。

また、それまで新宿は、幕府の軍事施設である千駄ケ谷塩硝蔵（現新宿区霞岳町）が火事に遭った時に駆け付ける役務が課されていた。しかし、宿場再興後、この役務は金銭で勤めることになり、それが毎年一五両と見積られた。この二つを合計して、毎年一五五両を、冥加金という形で幕府に納めることになったのである。一〇年後には返納金一四〇〇両は完納される計算であったが、この後も、年額一五五両を納入することが定められた。

冥加金は、伝馬役金を負担する新宿の地主からは徴収せず、旅籠屋や茶屋などから徴収することになっていた。ただし、冥加金として徴収したのではなく、宿場の運営費として徴収する役銭のなかに含まれる形であったようである。

営業税の徴収

再開当時、旅籠屋二三軒はおのおの毎日銭三〇〇文、茶屋一九軒は銀三分、損料貸夜具屋四軒は銀五分、宿駕籠屋二軒は一匁、取肴屋二軒は毎月七匁五分ずつを、役銭として納めることが義務づけられていた。損料屋とは、衣服・布団・夜具などを貸す今でいうレンタル業者のことである。肴屋は、特別な時に仕出しをする業者である。この五つの商売が役銭徴収の対象であったが、このなかで、旅籠屋は最も多くの役銭を納めていた。

当時の貨幣は、金・銀・銭の三つが使い分けられていた。この三つの貨幣の交換比率は絶えず変動していたが、当時の相場（金一両＝銀六〇匁（六〇〇分）＝銭五貫五〇〇文）で計算してみると、旅籠屋が納めた役銭三〇〇文とは、茶屋が納める役銭（銀三分）の一〇倍以上の金額に相当していた。駕籠屋の役銭（銀一匁）と比べても、その三倍以上であった。宿場再開時の役銭の内訳をみると、総額三八一両二分のうち、九〇%近くの三二八両一分を旅籠屋からの役銭が占めていた（表4）。

旅籠屋から徴収する役銭が宿場の運営を支えていたことがわかるが、ここで注目したいのは、御上納会所掛りを勤めていた五人のうち二人は、店頭の太四郎と半四郎であったことである。店頭は宿場や岡場所を取り仕切るその土地の顔役であり、遊女商売をしている旅籠屋や茶屋から定期的に金銭を取り立て、それを資金源として宿場や岡場所の社会では隠然とした実力を誇っていたことは、第二章で述べたとおりである。ところが、それ

表4　宿場財政表（役銭徴収高・明和9年）

	見積り高	実際の徴収高
旅籠屋	756両	328両1分
茶屋	70両1分	26両3分
損料貸夜具屋	14両3分	11両3分
取肴屋	7両2分	3両
宿駕籠屋	29両2分	11両3分
計	878両2分	381両2分

※「高松家文書」により作成

とは別に、公的な役務として役銭の徴収にもあたっていたのである。

宿場側としては、旅籠屋にも顔が利くという、その集金力に期待したのであろう。旅籠屋から毎日確実に役銭を取り立てることが、宿場の運営には不可欠という事情が背景にはあった。すなわち、店頭は公的な職務として、旅籠屋などから役銭を取り立てる裏で、自分の懐に入る金銭を別に取り立てていたのである。店頭が旅籠屋などから恐れられる存在であったと同時に役銭を徴収するという公務が店頭に権威を与えていたことがわかる。

稲毛屋金右衛門

宿場は役銭をもって、人馬の提供に掛かる費用、問屋場の人件費、帳面の紙代・墨代、そして幕府への冥加金などに充てていた。再開当時、新宿の町には、上町に四九人、仲町に四三人、下町に五〇人の地主がいた。

人件費とは問屋場で働く帳付・馬差・人足差への給金のことであるが、二人の店頭にも役料として三〇両程度が支払われていた。ここからも店頭が宿場の公的な役職を勤めていたことが知れる。そのため、明和元年に品川宿など三宿に対して食売女の増員が申し渡された時も、名主らと一緒に宿場の代表として、店頭が道中奉行所に呼び出されているのである。

毎年一五五両ずつ納めることになっていた冥加金については、宿場再開時、金右衛門という者が幕府から上納方に指名されている。金右衛門は、一月から一〇月までは毎月一四両、一一月は一五両を代官所に納入することになっていた。これで計一五五両となる。

この金右衛門は本名を立松金右衛門という。新宿の町では馬宿や煙草屋を営む稲毛屋金右衛門という名前で知られていた。このころは、御上納会所で金銭の出納を担当する払方添役を勤めていたが、実は新宿再興にも大きく貢献していたのである。

新宿の町人たちが各方面に活発な運動を展開した結果、宿場の再興は実現したものの、その代償として多額の出費を余儀なくされていた。その総額は一四五八両に及んだという。今回だけでなく、享保期以来の再興運動費もそこには含まれるであろう。新宿再開の裏で巨額の金が動いていたことがわかるが、各方面から金をかき集めて幕府役人などへの工作資金を立て替えていたのが、稲毛屋金右衛門だったのである。

金右衛門は新宿再興の陰の功労者であったわけだが、なぜそのような大金を調達できたのか。幕府から冥加金の上納方に指名された理由など、謎の部分が多い人物でもあった。ただ、金右衛門の人脈は勘定奉行など幕府有力者にも及び、その行動範囲も、蝦夷地にまで及んでいた。そのころ、幕府の中心にいた老中田沼意次による蝦夷地開発事業にも深く関わっていたと伝えられる。

金右衛門は、別に平秩東作という名も持っていた。当時江戸では狂歌が大流行していたが、その中心人物の一人がこの平秩東作であった。狂歌といえば太田南畝（蜀山人）が有名だが、東作は南畝を友人の平賀源内に紹介したり、南畝が文壇に登場するきっかけとなった『寝惚先生文集』の出版を斡旋しており、南畝にとっては恩人といえる存在であった。南畝も新宿が再興されると、新宿の遊興街に出入りするようになる。安永四年（一七七五）には、新宿を舞台にした『甲駅新話』を出版して、新宿の宣伝に一役買っている。

宿場の財政改革

金右衛門の助力により、宿場再興を実現した新宿の町人たちであったが、再興運動費の一四五八両以外にも八〇〇両の借財があり、その利息だけで年額一六〇両に及んでいた。宿場を再開させるとなると、問屋場や街道の整備など、もろもろの費用が掛かったのだろう。それまでの借財分も含まれていたかもしれない。

宿場が再開された明和九年の財政状況をみると、収入は、旅籠屋などからの役銭が三八一両二分であった。当初、役銭は八七八両二分と見積っていたものの、旅籠屋の出店が予定していた軒数の半分ほど（二三軒）にとどまったため、大幅な収入減となったのである。

一方、支出は借用金の利息も合わせると五九五両二分にのぼり、差し引き二〇〇両以上の赤字であった（表5）。

こうした財政の悪化を背景に、高松喜六ら宿場役人側と町の地主は、宿場の運営をめぐって対立し、訴訟沙汰まで起きる。宿場再興に貢献した金右衛門も、資金繰りに困って宿場とトラブルを起こしたため、責任を取って上納方を退く騒ぎとなっている。

この混乱した事態を収拾するため、安永九年（一七八〇）末、新宿は宿場の財政改革に取り組むことになる。その結果、旅籠屋をはじめ町で商売する者に新たな上納金が課せられ、冥加金の負担を免除されていた地主も出費を余儀なくされていく。新宿が宿場町として再び繁栄していく裏で宿場の財政は悪化し、宿場内部も動揺を続けていたのである。

表5　宿場財政表（支出高・明和9年）

支出項目	金額
冥加金	155両
伝馬役金	75両
問屋場帳付給金（1人分）	12両
問屋場馬差給金（1人分）	10両
問屋場人足給金（1人分）	10両
御用迎番定役給金（1人分）	10両
助郷触当人足給金（2人分）	12両
問屋場買物小遣給金（1人分）	6両
問屋場筆墨代など	38両
定抱駕給金（4人半分）	44両
払方役給金	12両
会所書役給金（1人分）	10両
会所小遣給金（1人分）	6両
店頭役料など（2人分）	31両2分
会所筆墨代など	24両
利金（元金700両の年利2割）	140両
計	595両2分

※「高松家文書」により作成

宿場の繁栄

宿場の存続・繁栄の鍵を握っていた旅籠屋の数は、再開当時は二三軒であった。新宿の町人が、自分の土地に旅籠屋を建設する場合もあったと思われるが、その大半は、他所の旅籠屋が新宿の地主から土地を借り、地代を支払って出店したものである。浅草・両国など江戸の代表的な盛り場をはじめ、芝増上寺門前・根津権現門前、谷中感応寺門前など寺社門前町からの出店が多くみられた。

新宿側には旅籠屋を廃宿以前の五二軒にまで増やす目論見があったが、明和九年中に出店したのは二三軒に過ぎなかった。その後も、予想したほどは出店がなく、寛政一二年（一八〇〇）、三六軒（上町一六軒、仲町一一軒、下町九軒）で固定する。

旅籠屋は食売女を置くことが許される反面、御用宿を提供したり、多くの役銭を納める義務が宿場から課せられていた。店頭からの金銭の取り立てもあった。旅籠屋にはこうした重い負担が課せられていたため、かなりの営業（資本）力が必要であった。そのため、目論見通りには増えなかったのであろう。

旅籠屋と並んでメインストリートに出店していた茶屋は、一九軒から六二軒にまで増え、これが定数となる。旅籠屋のように食売女を置くことはできず、旅客を泊めることはできなかったものの、茶屋女の名目で食売女を置いていたため、その実態は旅籠屋とあまり変わりはなかった。さらに、御用宿を勤めることもなく、役銭も旅籠屋の一〇分の一に過ぎなかったため、旅籠屋とは逆に、その数が増えていったのである。旅籠屋が茶屋を兼業する場合も多かったようである。

宿場再開により新宿の町は活気を取り戻し、江戸近郊の歓楽街として発展していった。吉原や品川宿を越える繁盛ぶりであったとも伝えられている（図21）。しかし、欄干に彫物など、旅籠屋の分限を超えた派手な造りもみられたため、安永九年一一月には、余分な飾りの撤去が命じられている。

再開前の明和二年、新宿の人口は前年より二七八人減の一七七七人であった。その後も人口の減少は止まらなかったと推測されるが、再開後の安永六年（一七七七）の人口の出入りをみると、前年より二九〇人増加して、四九四世帯一七六九人となっている。その後も人口は増え続け、幕末には三〇〇〇人を越える。

表6は、安永六年時の人口を町別、男女別にまとめたものである。男女の比率でみると、男六〇％、女四〇％の割合になっている。江戸の町の男女の比率に比べると、女性の比率がかなり高いのが特徴である。町別の比率では、上町二六％、仲町二五％、下町四九％であった。江戸に近い下町に新宿の人口の半分が住み、残り半分が上町と仲町にほぼ同じぐらいの割合で住んでいた。

表6　新宿人口表（安永6年）

	上　町	仲　町	下　町	計
男	276人	277人	507人	1060人
女	187人	168人	354人	709人
計	463人	445人	861人	1769人

※「高松家文書」により作成

二　江戸の物流と新宿

江戸稼ぎ

江戸の人々が、新宿といって連想するの

図21　新宿・玉川上水縁の賑わい。中央部に玉川上水が流れ、堤に旅籠屋・茶屋が並ぶ（歌川広重『名所江戸百景』より「玉川堤の花」）

は馬であった。宿場には馬が常備されている以上、当然のことといえるが、江戸四宿のほかの三宿と比べても、新宿というと馬が連想されたようである。そのイメージに大きく貢献したというより、新宿のイメージを一枚の絵で表現したのが、初代安藤（歌川）広重の『名所江戸百景』であろう。

『名所江戸百景』のうち「四ツ谷内藤新宿」（図22）がそれで、農民に牽かれた馬の尻が画面の右半分を占めるという奇抜な構図である。馬は少なくとも二疋はいるようである。その下には、馬糞が点々と落ちている。絵の左側には、旅籠屋や茶屋が店を構える新宿の町並みが見える。この馬は、武蔵野・多摩地域の農民が野菜などの生活物資を積み、江戸に商売に行った帰りの戻り馬であろう。当時、江戸近郊の農民が自分の土地で取れた生産物などを馬に積んで江戸に商売に行くことを、江戸稼ぎと呼んでいた。

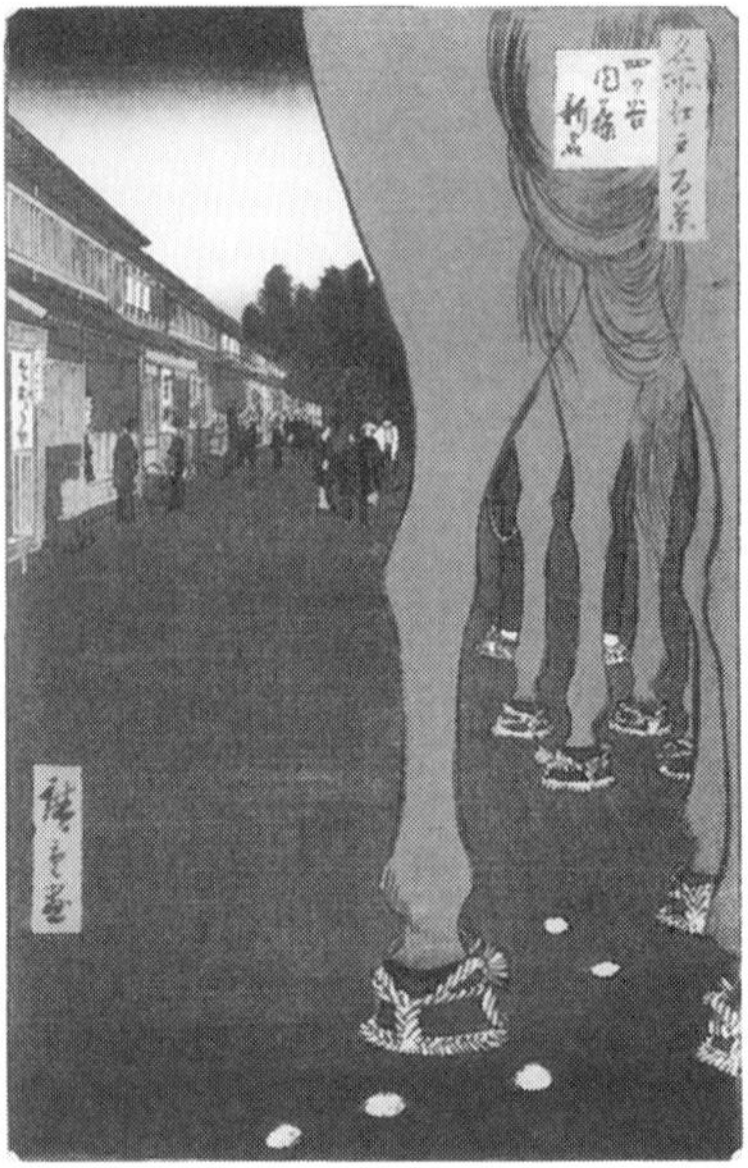

図22　「四ツ谷内藤新宿」（歌川広重『名所江戸百景』）

このイメージは、明治に入っても続く。正岡子規の俳句に、次の一句がある。

新宿に　荷馬ならぶや　夕時雨

江戸が東京となると、宿場が公用通行者に人馬を提供する義務はなくなったものの、しばらくは人々の生活は従来のままであった。欧米の近代的な生活や文化が一般大衆にまで降りてくるのにはまだ時間が必要であった。そのため、陸路での運搬手段として人々が主に利用していたのは、依然として馬であった。新宿は江戸の時代と変わりなく、農民が江戸稼ぎのために牽いてくる馬が頻繁に行き交う町だったのである。

では、新宿の町には、当時どれくらいの馬が行き来していたのであろうか。宿場再開となる直前の明和三年（一七六六）一一月、角筈村名主渡辺与四郎の父与兵衛は、村の北端と南端を走る青梅街道と甲州街道の道路普請のため、両街道を通る人馬から通行税を徴収したいと幕府に願い出ているが、その願書の内容から、往来していた馬の数を推測してみたい。

与兵衛によれば、両街道の分岐点である追分からおのおの一〇キロメートルほどは窪地のため水捌けが良くなく、土も力がない。長雨が降ると道がぬかるみ、馬の足では通行できない。数日通行できないこともたびたびあり、馬に荷物を積んで江戸に商売に出かける農民はたいへん難儀している。よって、青梅街道でみれば追分〜多摩郡遅野井村（現杉並区井草）、甲州街道でみれば追分〜高井戸宿までの道路の整備費として、両街道を通行する人馬から通行税を徴収したい。武士を除いて、旅人は一人につき一銭、馬は一疋につき二銭を徴収したいというのであった。与兵衛は、一日に人が二五〇〇人、馬が四〇〇〇疋通行するとして、四年間で三〇〇〇両程度の収入を見込んでいるが、この願いは認められなかったようである。

実際に両街道を、一日に人が二五〇〇人、馬が四〇〇〇疋も通行していたかどうかは不明であるが、公用通行以外の往来もかなり頻繁だったことは想像に難くない。その大半は、武蔵野・多摩地域や甲州・信州からの江戸稼ぎの農民であったが、馬が人の約二倍通行すると見込んでいることから、一人で何疋もの馬を牽いて往来していた様子がうかがえる。『江戸名所図会』の「四ツ谷大木戸」（図23）には、一人の農民が三疋の馬を牽いている光景が描かれている。広重の「四ツ谷内藤新宿」でも、農民は二疋以上の馬を牽いていた。

徳川御三卿の一つ清水家の家臣村尾正靖（嘉陵）は、江戸近郊を旅して、その紀行文を多数残していることで知られる人物であるが、そのなかに、「府中道の記」という一文がある。

文化九のとし睦月の一七日、国府の六社の神にま

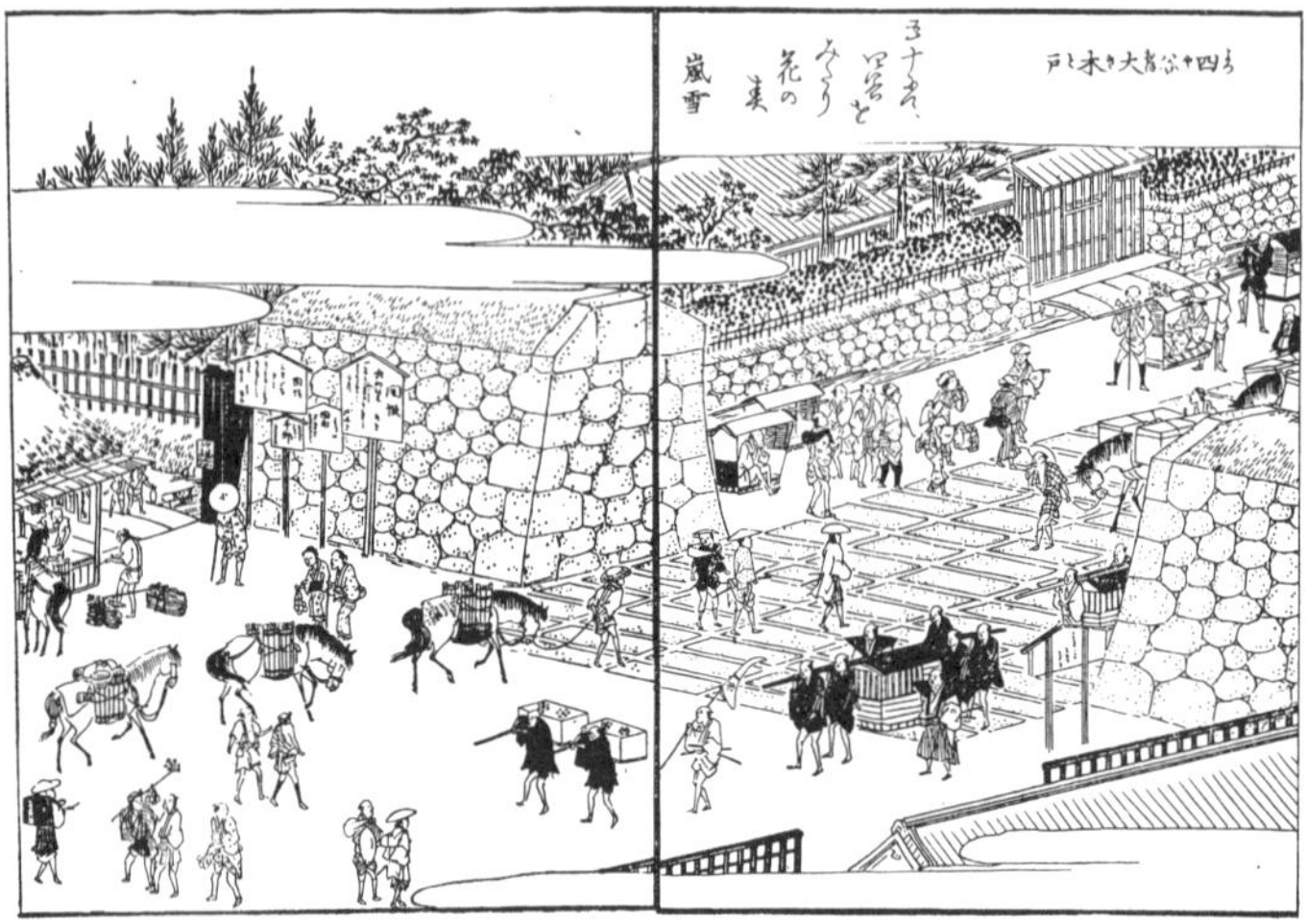

図23　「四谷大木戸」（『江戸名所図会』）

うでんとて、おなじ心のともかたらひて、まだ夜をこめて出ぬ、四谷より内藤新宿を南に横折て、新町通りを行（中略）今朝より、馬牽おのこ、幾つれとなく行あふ、一つれ六十ばかり行つれたるぞ、いち多き也けり、巳の刻過る比までに、馬数およそ五百あまり、青梅街道より江戸に来るも、又かくぞありぬべし、この馬ども、未の刻過る比より、夜をかけてかへると云、くるもくるも馬にて、いと行わづらふまで也

文化九年（一八一二）四月一七日、村尾は府中宿の大国魂神社に詣でるため、同好の士と共に朝暗いうちに家を出た。四谷から新宿を通って甲州街道を西に向かったが、その途中、馬を牽いた江戸稼ぎの農民に幾人も出会い、なかには六〇疋もの馬を牽く農民もいた。午前一〇時ころまでには五〇〇疋の馬に出会った。青梅街道を往来する江戸稼ぎの農民や馬も同じくらいの数と、村尾は推定している。これらの馬は、午後二時くらいから夜半にかけて各自の村に戻っていくのであった。

朝だけで新宿を通過する江戸稼ぎの馬が、少なくとも一〇〇〇疋以上にのぼったことになろう。往復でみればその倍であり、甲州・青梅両街道が合流する新宿に、一日に四〇〇〇疋の馬が通行したとみても、あながち誇張とはならないだろう。

馬宿と馬水槽

甲州・青梅街道には江戸稼ぎの農民が頻繁に往来していたため、両街道の宿場には、馬に飼料や水を

与えたり、馬を牽く人足が体を休める休憩所が設けられていた。この休憩所は馬宿と呼ばれていたが、特に新宿は両街道が合流する地点であり、江戸の町に入る最後の宿場でもあったため、江戸稼ぎによる利用は多かったようである。新宿再興の陰の功労者稲毛屋金右衛門も、家業は馬宿であった。

現在、新宿駅の東口に、大理石作りの赤色に塗られた馬水槽がある。高さは二メートル六〇センチほどで、その中間あたりに、馬が水を飲む水槽が付けられている。一番下には犬・猫が水を飲む水槽が設けられ、反対側には人間の水飲み場が付いている。

馬水槽（新宿駅東口）

馬水槽とは一九世紀のヨーロッパの都市にみられた水道施設である。馬ばかりでなく、道行く人や犬・猫にも飲料水を供給する施設であったが、新宿駅東口にある馬水槽は、明治三四年（一九〇一）、近代水道の父と呼ばれる中島鋭司博士が欧米諸国の水道行政を視察の折、ロンドン市の牛馬給水協会から寄贈されたものである。明治三九年に丸の内の東京市役所前に置かれたが、その後、昭和三九年（一九六四）に現在地に移転した。甲州街道沿いに実際に馬水槽が設置されたかは不明であるが、江戸稼ぎの農民や馬にとり、馬宿とは喉の渇きを癒す馬水槽のような存在であったといえよう。

新宿には馬宿のほか、馬の飼料である糠を販売する糠屋も店を構えていた。往来する旅人だけでなく、江戸稼ぎの馬を相手にした商売も盛んだったのである。

新宿には中馬の宿も置かれていた。中馬とは、馬で荷物を運ぶ信州の運送業者のことで、信州・甲州の産物を甲州街道を使って江戸などに送ったり、逆に江戸の物資を信州・甲州などに送ることを生業としていた。新宿の中馬宿は、中馬の営業活動に支障が生じるようなことが起きると、代表者としてその排除につとめた。新宿の中馬宿は、新宿の屋敷地を購入して、つまり新宿の正規の町人となって、中馬の営業活動を支えていたのである。

問屋街の誕生

第四章で見たように、新宿を起点として、甲州街道では角筈村まで、旅籠屋などを除けば街道沿いの景観は新宿とほぼ同じであった。往来する人を相手に、日用品を販売する店、食料品を販売する店、あるいは馬宿などが立ち並んでいたが、青梅街道で見ても、柏木成子町・柏木淀橋町（現新宿区西新宿・北新宿）・中野村（現中野区本町）ぐらいまでは同じような町並みが続いていた（図24、図25）。江戸稼ぎの農民はこの数キロに及ぶ商店街で、農村では入手できない品を購入して帰途についたことであろう。

例えば、多摩地域の農民にとって、下肥と並んで馬の飼料でもある糠は田畑の貴重な肥料であったが、上質の糠は村では手に入らなかった。そのため街道沿いの糠屋から、上質として知られる尾張産の糠な

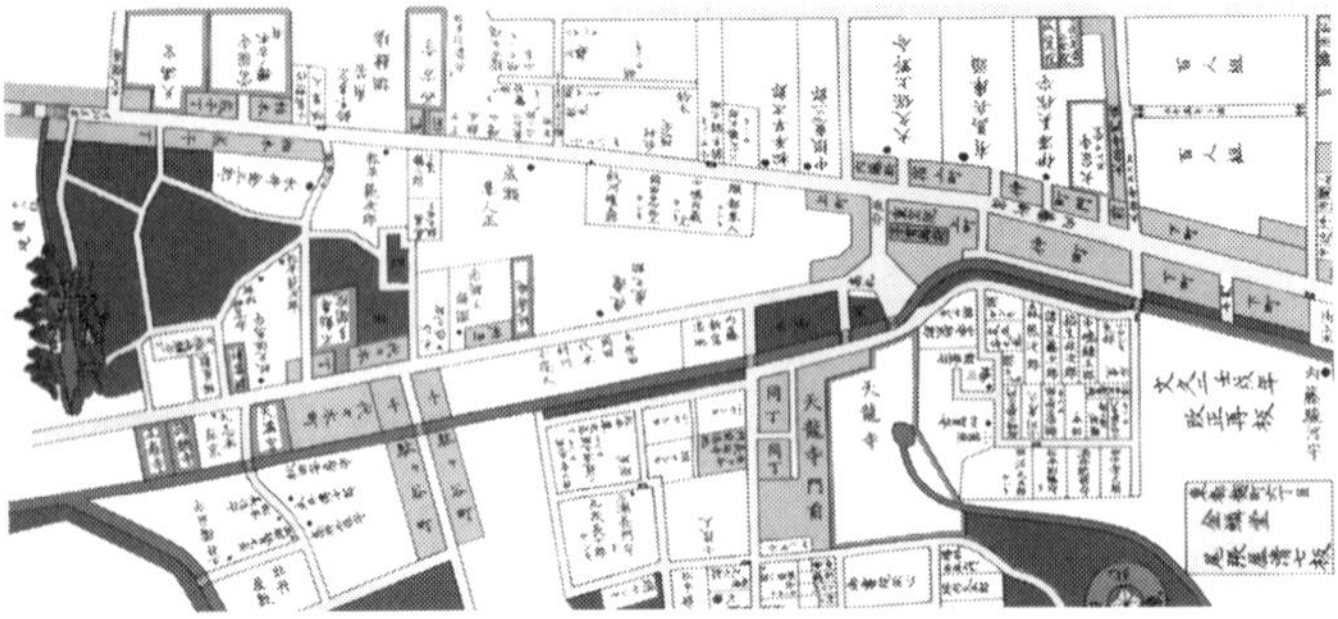

図24　柏木成子町の周辺絵図（成子町の左手に淀橋町・中野村が続く。「内藤新宿千駄ヶ谷絵図」尾張屋板『江戸切絵図集成』文久２年より）

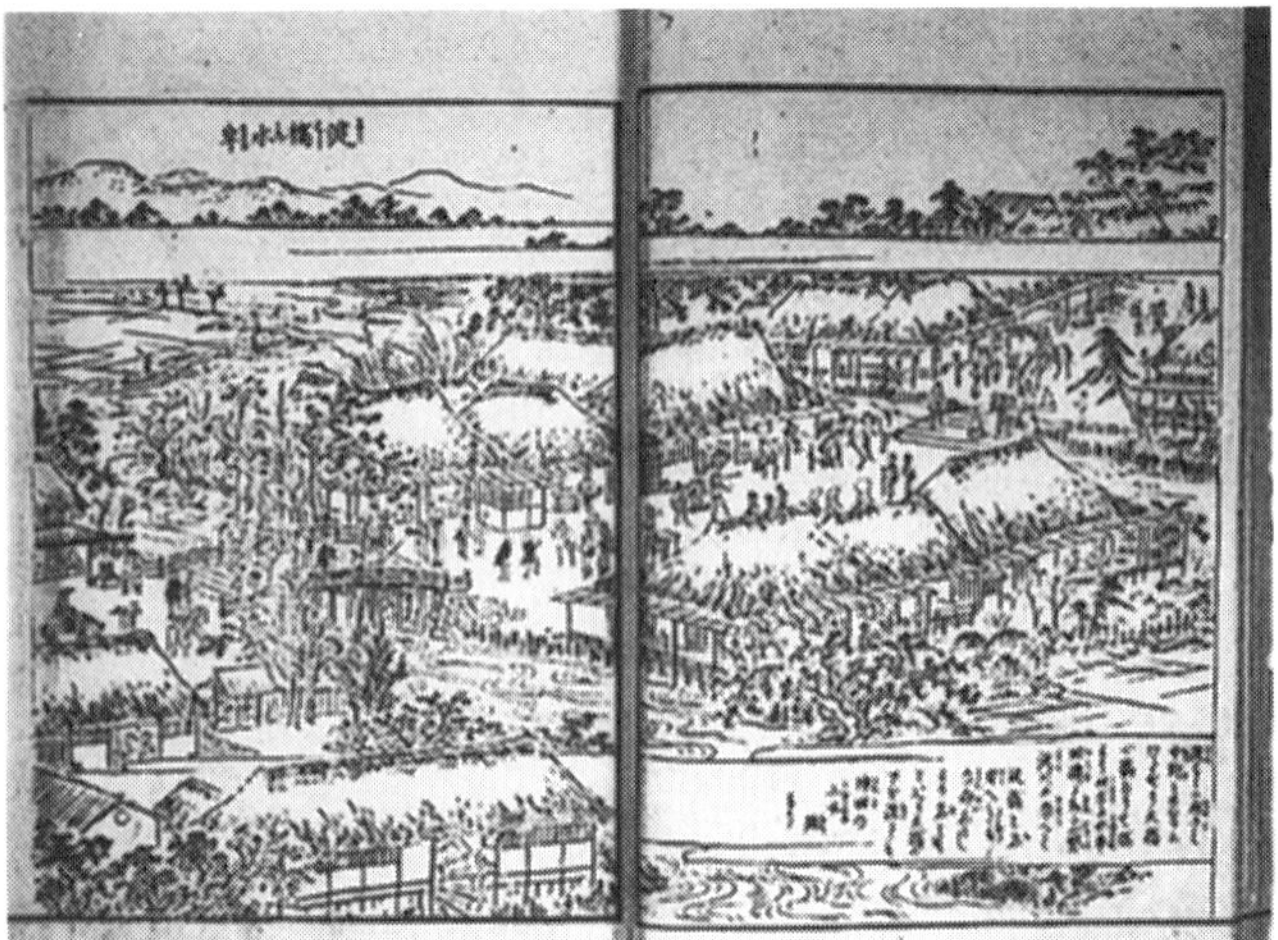

図25　「淀橋水車」（『江戸名所図会』）

どを購入していたようである。

両街道を使って、武蔵野・多摩地域や甲州・信州の農民が運んだ物資はさまざまである。おもなものは、米・麦などの穀物類、朝取れた新鮮な野菜・果物類、薪や炭などの木質燃料などである。江戸市中の市場に運んだり、お得意先の大名屋敷や旗本屋敷に届けることもあったが、江戸の町まで運ばず、周辺の街道沿いの商人の所で荷物を卸し、販売を依頼するケースもあった。新宿は、江戸稼ぎの農民が通過したり物品を購入するだけでなく、荷物を卸す町でもあった。江戸稼ぎといっても、すべての荷物が江戸の町や市場まで運ばれたわけではなかった。

こうして、西から送られてくる農産物などを引き受け、農民に代わって江戸市中に販売する商人が、新宿を中心に店を構えるようになった。新宿周辺の街道沿いの町並みは小売りの商人が店を構える商店街に加えて、問屋街としての顔も持つようになったのである。新宿周辺は、甲州・青梅街道を通って江戸に集まる物資のターミナルとして、さらなる発展を遂げていった。

江戸中期に入ると、手軽さもあって江戸の人々の食生活にそば・うどんが普及したため、小麦粉や蕎麦粉の需要が伸びるようになる。土地柄、畑作が適していた武蔵野・多摩地域の農村はこれに目を付け、主に麦や蕎麦を作り、江戸に送っていた。この動向に合わせ、米・麦・粉など穀物類を取り扱う新宿周辺の米穀問屋や雑穀問屋は、豊富な資金力を活かして甲州・青梅街道を経由して送られてくる穀物類を大量に買い取り、活発な経営を展開していくようになる。

米穀・雑穀問屋に農産物の販売を任せるのではなく、みずから店を出す農民もいた。青梅街道沿いの多摩郡田無村（現東京都西東京市）の名主下田半兵衛は、柏木淀橋町に米穀問屋を開業している。村内で収穫した穀物類を集め、江戸の町で直接販売したのである。

江戸への出入口の宿場沿いに問屋街が生まれていったのは、甲州街道ばかりではなかった。東海道品川宿周辺、日光街道千住宿周辺にも、街道を経由して運ばれる穀物類を取り扱う問屋が立ち並んでいたのである。

江戸四宿は、このころには物流のターミナルとしての地位を確立していた。五街道を通して、江戸と周辺地域の間の物資の流れを中継・仲介する役割を果たしていたわけであるが、なかでも新宿は、江戸と武蔵野・多摩地域、そして甲州・信州を結ぶ二つの基幹道路（甲州・青梅街道）が合流する地点であったことから、江戸に送られるこれらの地域の産物を一手に引き受ける格好になっていた。同時に、江戸から武蔵野・多摩地域や甲州・信州方面に運ばれる物資も、新宿を基点に送り出された。こうした地の利を得て、新宿は江戸四宿のなかでも、江戸の物流の最大級の拠点として目覚ましく発展していくのである。

明治に入っても、新宿は首都東京の物流のターミナルとして発展を続ける。先の子規の俳句に「荷馬並ぶ」とあるのは、新宿の問屋に荷物を卸すため、多くの馬が立ち並んでいる様子を詠んだものだろう。あるいは、逆に新宿の問屋で荷物を積んで帰っていく馬の様子を詠んだものかもしれない。

通行税の徴収

甲州・青梅街道には、江戸に運ぶ物資を乗せた多くの馬が行き来していたが、江戸稼ぎの農民がすべて馬を所有していたわけではなかった。農民の依頼を受けて荷物を運搬することで駄賃を稼ぎ、生計を立てている者も街道沿いには多く住んでいた。

宿場では、この駄賃稼ぎを生業とする者に対し、「口銭」と呼ばれた一種の通行税を徴収していた。新宿も宿場再開にあたり、駄賃稼ぎに牽かれた馬が宿場を通過するごとに、馬一疋につき銭二文を徴収すると定めている。宿場財政の悪化に苦しむ新宿にとっては、貴重な財源であった。

しかし、実際には駄賃稼ぎ以外の場合でも、宿場は口銭を徴収していたようである。一見しただけでは、馬に載せているのが本人の荷物なのか、あるいは他人の荷物を載せて駄賃を稼いでいるのか見分けられないという事情も、もちろんあっただろう。しかし、農民にとっては、駄賃稼ぎをしているのではなく、自分の荷物を運んでいるだけであるにもかかわらず、宿場を通過するごとに二文ずつ取られるのは大きな負担であった。

江戸稼ぎの農民は、穀物・野菜・炭・薪などを送り届けた後、江戸の町や新宿で購入した糠・灰・塩などを馬に載せて帰途についたが、これにも口銭が掛けられていた。荷物によっては二文以上徴収される場合もあった。

天明元年（一七八一）九月、多摩郡のうち、甲州・青梅街道沿いの四二か村は、こうした新宿による口銭徴収の実態について、次のように道中奉行所に申し立てている。

武州多摩郡・入間郡右村惣代多摩郡小川村茂兵衛・同郡上草花村忠助申し上げ奉り候、右村々の儀、山寄り皆畑同前の村方にて、廻船通路これなき場所にて、百姓耕作の間、四壁持山林、又は荒畑畔疇の間に風除等に立て懸け候竹木・板・小割・下駄・炭・真木等夫々に相拵え、其の外梨子・柿・桃・梅、或は諸作穀物・野菜の類、江戸表へ馬にて附け出し渡世仕り、御年貢足合等に致し、右ゆえ、馬帰りの節、肥・糠・灰・塩其の外自分入用の品、相調え附け返り候、然るところ、当九年以前巳年より、四ッ谷内藤新宿、甲州道中新規継場に仰せ付けられ候以来、右問屋場にて、前書申し上げ候諸荷物より口銭のよしこれを申し、馬壱疋に付、鐚弐文宛、往返共にこれを取る(『里正日誌』)

再興以来、新宿では、両郡農民の江戸稼ぎ用の荷物ばかりでなく、戻り馬に積まれた荷物に対しても口銭を徴収していた様子がうかがえる。しかし、当の農民にとっては大きな負担であり、こうした申し立てが幕府になされたのである。新宿との交渉の結果、翌天明二年七月、駄賃稼ぎの荷物を除き、口銭は一切徴収されないこととなった。自分の土地で取れた産物を、江戸まで自分の持ち馬で運ぶ場合、通行税は一切払わなくてもよいことを新宿に認めさせたのである。その目印として、四二か村の農民の持ち馬には、丸の中に玉の字を書いた印が焼印されることになった。

この成果を受け、多摩郡の農民たちは甲州街道の他の宿場(府中・日野・八王子横山宿)に対しても、口銭の徴収停止を求めて交渉していく。信州の中馬も、新宿の中馬宿が中心になって、新宿・高井戸・

布田宿に対して口銭の徴収停止を認めさせている。

口銭の徴収が制限されたことは、新宿の宿場財政にとってはありがたくないことであった。しかし、口銭が物流のスムーズな流れを妨げていたのもまた事実であろう。今回、甲州・青梅街道の物流の大きな障害が取り除かれたことが、新宿が江戸の物流のターミナルとして発展していくうえで、逆に大きな起爆剤になった面は否定できないのではなかろうか。総合的にみれば、口銭徴収の制限とは、新宿という町にとっても、マイナス面だけでなくプラスの面も大きかったのである。

第六章　江戸のエコロジー

一　江戸の田園都市

屏風絵に見る新宿近郊

新宿のすぐ西隣に位置する青梅街道沿いの柏木成子町で、江戸時代に油屋を営んでいた南雲善左衛門という人物が、大正末期〜昭和初期、画家の高橋琴三に描かせた屏風絵（図26）がある（現在「柏木・角筈一目屏風」の名で新宿歴史博物館に展示）。

この屏風絵には、善左衛門が少年時代を送った明治初期の柏木村・角筈村（現新宿区西新宿・北新宿）の景観が描かれている。当時の両村は、江戸時代のころとほとんど変わらない姿であったという。

屏風の左半分の中心には青梅街道が走っている。その両側には、米屋・魚屋・茶屋・薬屋・桶屋・提

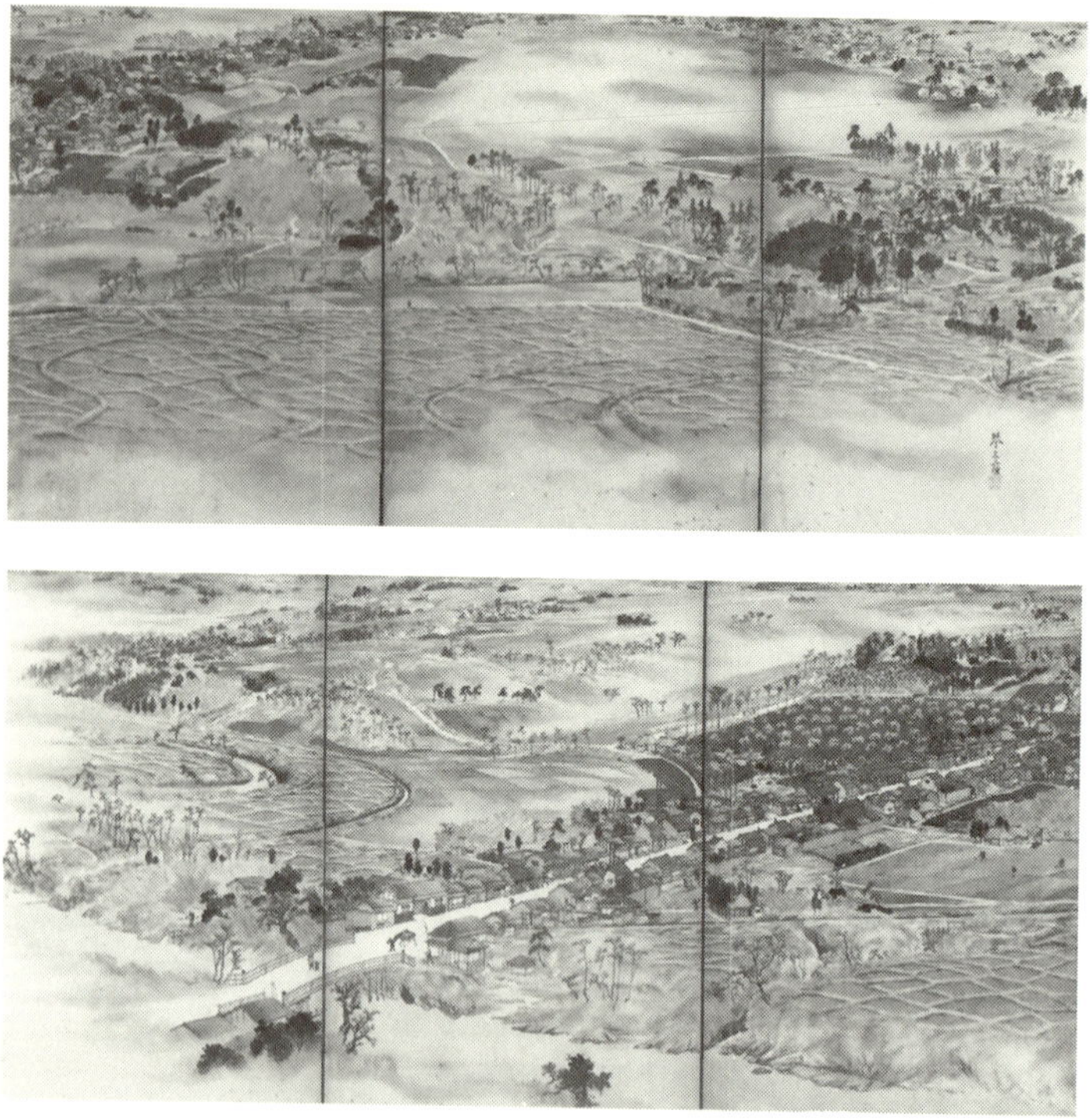

図26 「柏木・角筈一目屏風」（新宿区立新宿歴史博物館蔵） 上：右隻 下：左隻

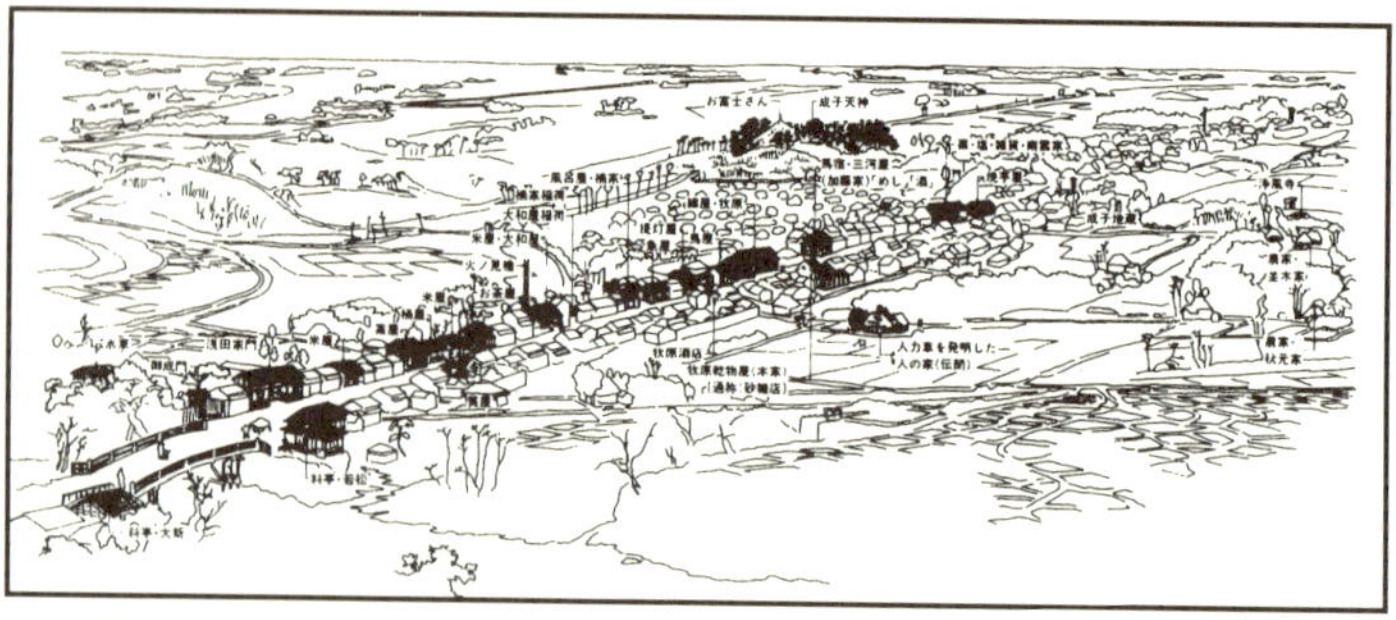

図27 青梅街道の町並み（『「柏木・角筈一目屏風」の世界』より）

灯屋・風呂屋・馬宿など、いろいろな店が軒を連ねている（図27）。描写は詳細で、一軒一軒のたたずまいがよくわかる（図28）。

町並みを少し離れると、現在からは想像できない緑豊かな田園風景が広がっていた。農地の多くは畑であった。そこには畑仕事をする農民の姿がある。鍬をふるう姿、麦踏みする姿、肥料が入った桶を天秤棒で担ぐ姿などであった（図29）。

屏風の右半分をみると、右上に甲州街道が走り、その下には鬱蒼とした鎮守の森を控える熊野神社がある。前面に水田が広がり、欅・梅・竹の林が点在している。欅は現在、新宿区の木になっている。雑木林も点々とあるが、農民はそこで落ち葉や草などを採取して田畑に鋤き込み、肥料としていた。こういう雑木林や山野は、現在里山や里

図28　馬宿（「柏木・角筈一目屏風」）

図29　畑仕事の様子（「柏木・角筈一目屏風」）

地と呼ばれているが、農民は燃料の薪も、里山から採取していた。里山は農民にとって、村での生活にはなくてはならない存在だったのである。

そのほか、藁葺き屋根の農家、それを取り巻く屋敷林、天神さま、お稲荷さん、お地蔵さん、淀橋の水車小屋などもある。ごく一般的な農村の風景が広がっており、自然に囲まれた江戸の人々の生活・暮らしぶりが感じられる。「柏木・角筈一目屏風」は、新宿が最近の一世紀の間に、大きく変貌を遂げたことを改めて認識させる貴重な資料なのである。

江戸の循環型社会

このように、東京都庁をはじめ超高層ビルが立ち並ぶ西新宿（柏木・角筈地域）には、ほんの一世紀ほど前までは、江戸の町の暮らしと村の暮らしが共存する、町人と農民が共生する社会が広がっていた。現在ではとても想像できない光景である。別々に生活を営んでいるのではなく、いろいろなレベルでお互いに交流し、依存し合っていた。それは、日本が現在あるべき社会として目指している、循環型社会にほかならない。なかでも、町人が食する農産物と、農民が使う肥料の関係は、その象徴的なものであった。

当時の肥料は、近くの里山から取ってきた落ち葉・茎・草のほか、街道沿いの町の糠屋で購入した米糠、人間の下肥などであった。とりわけ速効性のある下肥を入手するため、農民は街道沿いの町へ、さらに街道を東に向かって江戸の町へ汲み取りに出かけて行った。そして下肥で育てた農産物を収穫すると、再び街道を東に向かって江戸の町に売りに行ったのである。明治に入っても、甲州・青梅街道を使って、東京へ屎尿を汲み取りに行く農民の荷車が毎朝何百台も新宿を通過していたという。

「柏木・角筈一目屏風」とはもともと、東京が江戸であったころの田園風景を絵として残すために描かれたものであった。しかし、そこからは江戸の人々が限りある資源を有効に活用していた循環型の社会、つまり江戸のエロコジー（生態系）の様相を読み取ることもできるといえよう。

二　江戸の有機農業

環境保全型の農業

現在、日本の農業は多くの難しい問題を抱えている。化学肥料を大量に投与し続けたため地力を失いつつある土壌、農薬に汚染された農産物・土壌、近年クローズアップされている輸入農産物の残留農薬、農産物市場の自由化問題など、多方面にわたって問題が噴出し、食の安全性に対する信頼が揺らいでいる。

農薬が地下水や土壌を汚染するなど、農業自体が環境汚染の原因となっている側面もある。水質汚濁防止法が定める二三種の有害物質のうち、三分の二は農薬が原因とみなされている。

こうした現状を受け、平成一一年（一九九九）に施行された「食料・農業・農村基本法」（新農業基本法）では、従来の農業基本法にはなかった「環境保全型農業」という理念が打ち出された。そこでは、環境と調和した持続可能な農業として、化学肥料や農薬の使用量の削減、あるいは使用しない有機農業などが目指されている。「地産地消」というテーマも、この環境保全型農業の柱の一つであろう。

農薬や化学肥料に大きく依存することで、単位面積あたりの収穫量を飛躍的に増加させた代償として、生態系に損傷を与えてしまったこれまでの農業への反省から、化学肥料や農薬の使用を控え、有機肥料を有効的に活用することで安全な農産物の収穫を目指す有機農業が、現在再評価されているといえよう。その意味でいえば、江戸の有機農業は、環境にやさしい、環境負荷の少ない農法として現代農業の貴重なお手本ということになる。江戸時代の農業も、現代と同じく多肥集約型の農業であったが、化学肥料ではなく、天然肥料（有機肥料・無機肥料）の施肥であった。

江戸の農書

江戸時代は農業生産力が飛躍的に向上した時代であったが、それを可能にしたのが、農地の開発と、単位面積あたりの収穫高をアップさせる技術の充実であった。そうした技術のなかでも、有機肥料の施肥は収穫量の増加に大きく貢献した。

また江戸時代には農書が数多く執筆され、出版された。なかでも宮崎安貞の『農業全書』は水戸光圀の絶賛を浴びたと伝えられている。ヨーロッパの農書では家畜の飼育や飼料作物に多くの記述があてられるのに対し、日本の場合は作物の栽培が中心だった。これは日本とヨーロッパではウエートをおく分野が違うことを示すものであった。

日本の農書では、栽培技術のうちでも施肥の記述が大きな比重を占めていた。硫安や過燐酸石灰といった化学肥料（人造肥料）は明治に入ってから使用されたものであり、江戸の農書に記述されているのは、天然肥料である有機肥料と無機肥料であった。有機肥料には、糞など動物質の肥料と、堆肥・落ち葉といった植物質の肥料がある。無機肥料には、草木を焼いて得た灰である草木灰や石灰がある。

江戸時代中期の農学者として多くの著作を残した大蔵永常は、文政九年（一八二六）に『農稼肥培論』を著している。農業をおこなううえで最も大切なのは肥料を選ぶことである、という序文にはじまるこの書物には、多種多様な肥料が詳細に紹介されており、当時、どのような肥料が、どのように使われていたのかを知ることができる。

有機肥料の活用

ここで、『農稼肥培論』から当時の肥料についてみてみよう。

動物の排泄物としては、人間の屎尿・馬糞・鳥糞が紹介されている。屎尿の項目をみると、尿が作物の茎や葉に効くのに対し、屎は根に効くとある。尿は水に薄めて施肥されるのが普通であったが、春や冬は尿一升に水四升、夏は尿一升に水一斗以上（一斗＝一〇升）というように、季節により濃度を変えることを勧めている。濃度が高いと、逆に肥料が効き過ぎて病気が発生するという。

魚を原料とした肥料（魚肥）としては、干鰯が取り上げられている。干鰯は脂分を搾った鰯を干して作られた肥料である。関東では千葉の九十九里浜が大産地として知られていた。

植物質の肥料としては、草肥や苗肥が取り上げられている。山野（里山）の柴や草を刈り取り、藁に混ぜて牛馬に踏ませてこやし（厩肥）にすると、たいへん効き目がある。あるいは、干して腐らせた草に人糞尿をかけて乾かし、畑作の元肥にすると特に良いと記述されている。

こういう草肥は堆肥とも呼ばれる。堆肥とは、藁・落ち葉・排泄物などを積み重ね、自然に発酵・腐熟させてできた肥料のことである。苗肥は、緑豆・胡麻・大豆・空豆などを畑に鋤き込んで肥料としたものである。

食品の製造過程で生み出される副産物を肥料にする例としては、米糠や粕が紹介されている。江戸は日本最大の米消費市場であり、米屋から毎日出される糠の量は膨大なものであった。新宿をはじめ甲州・青梅街道沿いに位置する角筈・柏木・中野村、柏木成子町・柏木淀橋町には、武蔵野・多摩地域の農民を相手に商売していた糠屋が多かったが、その供給源の一つは江戸の町だったのである。粕には原料により、油粕・酒粕・焼酎粕・醤油粕・豆腐粕・あめ粕があった。

江戸の里山

江戸の農民が使用していた肥料は実に多彩であったが、自給できるかできないかで分けると、草肥などは自給肥料、屎尿・糠・魚肥などは購入肥料（金肥）になる。ただ、草肥にしても、自給し続けるために、農民は次のような努力を重ねていた。

草肥の原料である草や落ち葉は、屏風絵にもあった雑木林から得ていたが、この雑木林はもともとあった自然林ではなかった。大部分は江戸時代に入って植林されたものである。

武蔵野台地では古くから定期的に焼き畑がおこなわれていたため、土地の多くは森林にならず、草原のままであった。草木の灰を肥料として、焼け跡には蕎麦・稗・大豆が蒔かれたが、何年かして地力が衰えると放置された。数年ないし数十年して地力が回復すると、再び焼き畑がおこなわれた。こうした焼き畑農業がおこなわれていたのである。

その後、台地の周辺に水田や畑が開発されていくと、こうした草原や山野は、田畑の肥料の供給源にもなり、里山（里地）として農民の生活にますます密着した存在になっていった。里山の多くは、入会地として村が管理・所有し、保護していたが、この入会地も次第に開発の対象となり、里山は次第に減っていった。

里山の樹木が伐り出されると、その地の保水力が低下するため、洪水が起こりやすくなった。江戸前期は大開発の時代であったが、過剰な開発の結果、全国各地で洪水が頻発し、田畑が荒廃した時代でもあった。

そのため、江戸中期にかけて、農地の保全や、肥料を得るため、あるいは建築材や燃料としての需要に応じるため、武蔵野台地では植林が積極的に進められ、雑木林（里山）が次々と生まれることになった。こうして新宿の隣の高井戸宿周辺でも、スギを中心とした林業が発展していく。その木材は四ツ谷丸太と呼ばれ、江戸の町の建築材として広く利用されたという。

しかし、植林が進められても、それを上回るペースで里山が減り、農地が増えた地域では里山（里地）をめぐって争いが絶えなかった。新宿が廃宿となる直前の正徳五年（一七一五）には、甲州街道府中宿近くで秣場をめぐり大騒動が起きている。秣場とは田畑の肥料となる草を採取する場所であるが、農民は家畜の飼料や燃料なども得ており、まさに農民の生活にはなくてはならない里山・里地であった。

この年の七月、多摩郡是政村（現東京都府中市）の農民が近隣の村を誘い、弓・槍・まさかりを持った一四〇〇〜一五〇〇人が下小金井村（現東京都小金井市）の秣場に押し入って、杉・桧など五万七〇〇〇本余りを伐り取っていく事件が起きた。この騒動は幕府の中枢にいた新井白石にも強い衝撃を与えたが、それだけ武蔵野台地の開発が進んで農地が増加し、肥料の供給が需要に追い付かない状況だったことがわかる。

屎尿の汲み取り

このころ、武蔵野台地では植林が進み、里山の光景があらわれはじめたわけであったが、農地の開発、秣場（里山）の消滅のペースはそれを上回るものであった。そうした現状は各地に里山（秣場）をめぐる争いを頻発させたが、一方では、農民が自給肥料だけでなく、購入肥料に頼る傾向に拍車を掛けることになった。土地の開発が進む江戸に近い地域ほど、その傾向は強かった。

購入肥料（金肥）の代表的なものとしては、屎尿と糠が挙げられる。両方とも、江戸の都市生活のなかで大量に排出されるもので、速効性の肥料として高い需要があった。そのため、屎尿や糠を専門に取り扱う商人もあらわれ、新宿の街道沿いには武蔵野の農民を相手にした糠屋が軒を連ねていった。

農民は、単に汲み取りだけに江戸の町に行くのではなかった。夜明け前に収穫した新鮮な野菜などを肥桶に満載して出発し、市場や出入り先の店や屋敷に届けた後、空になった肥桶に下肥を汲み取り、昼頃、村に帰るというのが一般的なパターンであった。村尾正靖が大国魂神社に参詣の途中、朝方に甲州街道で数知れず出会った江戸に向かう馬とは、そういう馬であった。

新宿など江戸の西側にある地域では水路がなかったため、下肥の運送は陸路に限られていた。肥桶を天秤棒で担いだり、馬に載せたりして運んでいた。『江戸名所図会』の「四谷大木戸」には、肥桶を載せた馬を牽いている農民が、四谷から大木戸を通って新宿へ入ろうとしている姿が描かれている（図23）。江戸の町で屎尿を汲み取った後、再び大木戸を通って村に帰るところであろう。角筈村では、甲州街道沿いの四谷や麹町の武家屋敷に汲み取りに出かけていた。

肥桶の容量は二斗で、一人で二つの桶を担ぐのが普通であったが、その運送はかなりの重労働であった。そのため、村と江戸を往復する距離を考えると、遠くの村が江戸の町まで汲み取りに行くのは無理があった。江戸から半径四里ぐらいまでの地域の農村が江戸へ汲み取りに出かけており、甲州街道でみると、府中宿あたりまでが限界だったようである。それより西の地域では、主に糠を肥料としていた。

その一方、江戸近郊でも北や東側の地域では、隅田川をはじめ水路が縦横に走っていたため、この水運を利用して、かなり遠くの農村まで江戸の下肥を使用していた。現在でいえば、江東区・江戸川区・墨田区・葛飾区・荒川区・足立区にあたる。この地域は葛西三万石と呼ばれたほどの穀倉地帯であったが、それを支えたのが江戸の下肥だったのである。

東京行き

江戸から明治に変わってもしばらくは、東京近郊の農村が東京の都市生活で出される大量の屎尿や糠に作物の肥料を依存するという循環システムは有効に機能していた。明治四〇年（一九〇七）に北多摩郡千歳村（現世田谷区粕谷）に移り住んだ徳富健次郎（蘆花）は、大正二年（一九一三）に出版した『みみずのたわごと』で、東京の町へ下肥の汲み取りに出かける千歳村の農民の姿を描いている。

千歳村の北側には甲州街道が走っており（図30）、江戸のころに置き換えると、高井戸宿の近くに同村は位置していた。出版の年、笹塚〜調布間の京王電鉄が開通し、大正四年に新宿まで開通する。蘆花が移り住んだころは鉄道の代わりに馬車が走るのみで、千歳村から東京や新宿に向かう交通手段は徒歩か馬に限られていた。蘆花の文章によれば、下肥の汲み取りの様子は次のようなものであった。

蘆花の住む周辺の農村の若者は、みんな東京へ下肥の汲み取りに行った。「東京行」とは、下肥の汲み取りを意味するほどであった。東京を中心に半径五里四方の村では、主に荷車を引いて下肥を汲み取りに行くが、これは日帰りできる距離にあたる。かつては細長い肥桶で馬に四桶、人も二桶担いで持ち帰ったが、このころは荷車で引くようになった。この村では方角上、主として甲州街道沿いの四谷・赤坂に汲み取りに出かけたが、麹町まで汲み取りに出かける者もいた。

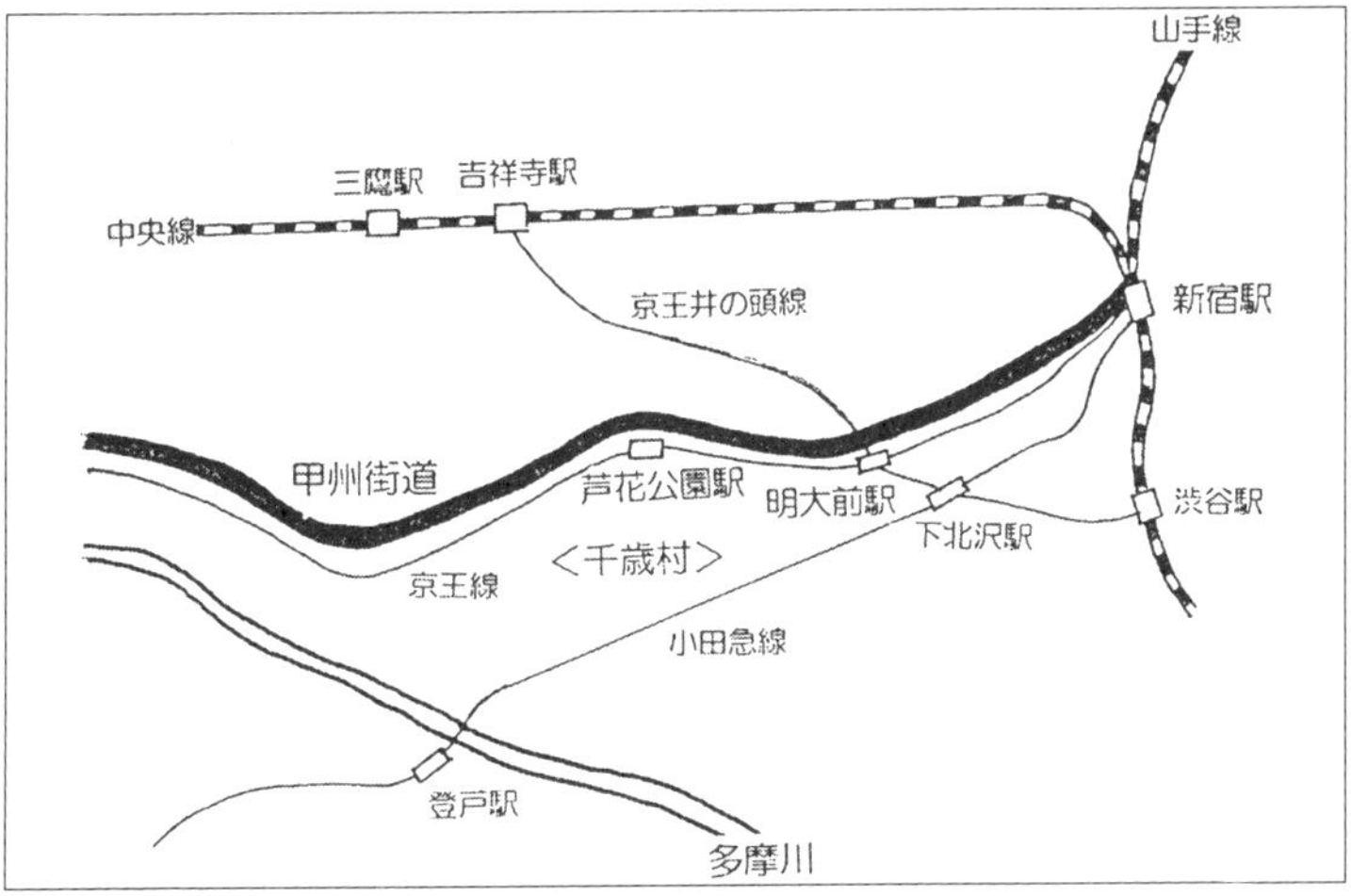

図30　千歳村の周辺略図

往きは空の肥桶の上にジャガイモやサツマイモ、季節によってはアヤメや南天小菊の束を積んだ荷車が甲州街道を毎朝何百台も東京に向かい、帰りには、下肥の入った肥桶が積まれている。車には、屋根の修繕に必要な針金や棕櫚縄、妻子への土産も積んでいる。

甲州街道の新宿出入口は、町幅が狭いうえに馬・荷車の往来も激しいので、野菜や下肥を積んだ荷車を引いていて事故を起こすこともしばしばあったという。

東京近郊の農家が東京で汲み取った糞尿を肥料に穀物や野菜を作り、それをまた東京に持っていって売るという循環型社会の典型というべきこの屎尿処理システムは、ほんの一世紀足らず前まで有効に機能していたのである。このシステムが大きく変わるのは、東京の人口の大幅な増大により、下肥の供給が需要を上回るようになり、有機肥料に代って化学肥料が広く使用されるようになる関東大震災前後からであった。

江戸のコンポスト

最近、コンポストという言葉をよく耳にする。都市生活で出される生ゴミや下水汚泥を発酵腐熟させて肥料にすることである。資源循環型社会に適した農法として、現在再評価され、生ゴミ処理ビジネスも登場している。食品リサイクル法では、食品廃棄物のうち肥料や飼料として再生利用可能なものは食品循環資源と位置づけられているが、すでに江戸の農法の段階で、コンポストの考え方は取り入れられていた。

大蔵永常も『農稼肥培論』で、魚の生ゴミを肥料として紹介している。三都（江戸・京都・大坂）をはじめ城下町には魚を専門に扱う魚屋町があったが、そこから出る洗い水は、すべて肥料に向いていた。特に三都では料理屋が多く、料理用の魚のはらわたや小魚の頭が毎日大量に出るため、酒樽に溜め、一樽いくらで売買されていた。

江戸では、日本橋の魚河岸から出る魚の生ゴミが江戸ゴミと呼ばれていた。江戸近郊の農村では江戸の町を相手にした生鮮野菜の栽培が広くおこなわれていたが、江戸東郊の葛飾郡砂村（現江東区南砂）周辺は、江戸ゴミを利用したナスやキュウリなどの促成栽培が盛んな地域であった。高くても売れる初物の人気の高さが農家を促成栽培に向かわせていたのである。

その方法とは、油紙で覆いをした中に江戸ゴミを敷き込み、さらに炭火で暖めるというものであった。松本久四郎という人が一七八〇年代に考案した技術といわれる。江戸ゴミ、つまり魚介類の発酵熱を利用して土を暖め、作物の成長を早めようとする農法であった。ビニールなどで囲いをしたうえで、上からは電熱で、下からは床に敷き込んだ堆肥の発酵熱で暖める現代の温室栽培と全く同じ原理である。違うのは、電気エネルギーを利用しているか、していないかということだけであった。

三　リサイクルの町・新宿

江戸のゴミ

現在、資源循環型・環境共生型社会への転換が、さまざまな場面で試みられている。循環型社会形成推進基本法では、第一に廃棄物の発生を抑制し、第二に廃棄物は製品・部品として再使用し、第三に再使用できない廃棄物は原材料として再生利用し、第四に再生利用できない廃棄物は焼却して熱回収し、最後にどうしても利用できない廃棄物は適正処分するという基本原則が提示されているが、江戸では、廃棄物の最終処分方法とは埋め立てるのみで、焼却処分する方法は取られてはいなかった。

江戸の町では、町内のゴミ溜に出されたゴミは、大芥溜と呼ばれた集積場にいったん集められた後、町と契約したゴミ処理業者の船で、隅田川の河口にある深川永代島まで運ばれ、埋立てに使われた。現在の江東区富岡・木場・北砂・南砂・東陽町は、江戸時代の埋立てにより徐々に造成されていった土地であるが、明治に入ると、東京のゴミの最終処分場を確保するため、埋立地はさらに南に下がっていく。

かつての江戸は、堀や川など水路が発達した「水の都」であった。水運を利用した物資の輸送が、江戸の繁栄を支えていたといっても過言ではない。ゴミも、この水運を活かして運ばれたが、水路への塵芥類の不法投棄が跡を断たず、通行に支障が出ていたという。水路だけでなく、江戸の各地に設けられた空き地への不法投棄も絶えなかった。江戸は火災の多い町であり、町のあちこちに火除地、広小路と呼ばれた空き地が設けられていたが、ここにゴミが捨てられるため、火災時の避難には障害になるなど、防災上、大きな問題になっていた。

高レベルのリサイクル都市として評価される江戸も、ゴミ問題には悩まされ続けていたわけだが、江戸が東京になると人口は急激に増加し、明治三一年（一八九八）には一八七万人、日露戦争後は二〇〇万人を超え、大正九年（一九二〇）には三七〇万人に達する。東京市民が排出するゴミも人口に比例して急増し、その処理が都市行政の大きな課題となり、現在にいたっているのである。

こうした現状への危機感から、最近、容器包装・家電・食品・建設リサイクル法など一連のリサイクル法の公布・施行が相次いでいる。廃棄物の再使用・再生利用あるいは、最終処分される廃棄物の再資源化・減量化が試みられているのである。しかし、一番の問題は、再生品の販売が商売として成り立つ社会経済システムを構築できるかにかかっているといえよう。そのため、グリーン購入の推進などの形で再生品の需要が喚起されているが、江戸の場合、リサイクル業者に利益をもたらす社会経済システムが構築されており、再生品の使用も日常的なものであった。

鎖国とリサイクル

江戸時代、あらゆる生活品がリサイクルされていた様子は、石川英輔氏の『大江戸リサイクル事情』

などで詳しく紹介されているが、江戸が資源循環型社会にならざるを得なかった理由の一つに、幕府の鎖国政策が挙げられる。外国から物資を輸入することが幕府以外には原則として認められておらず、江戸の人々は国内の産物で自給自足する社会経済システムのもとにあった。

食糧もそうである。天候不順で凶作になっても、現代のように外国からの緊急輸入はなく、各地で餓死者が続出した。その反面、食糧の備蓄は進んだ。また、限られた国土を有効に活用し、環境負荷も極力少なくしようとする多肥集約型・環境保全型農業も進展し、現代農業の模範とされるレベルまでに達することになった。

かつての日本は、金・銀など鉱物資源を豊富に産出する国として世界的に知られていた。しかし、江戸も時代を下るにつれて産出量は減少し、金貨・銀貨の鋳造にも支障をきたすようになった。そのため、金属資源の回収・再利用率が上昇していったのであろう。こうした傾向は、社会生活のあらゆる面に及ぶようになり、現代社会の見本となる江戸のリサイクル社会が形成されていったのである。

古紙のリサイクル

現代生活において、最も身近なリサイクルの一つに、古紙のリサイクルがある。現在、古紙の回収・利用率は六〇%前後に達しているが、江戸のリサイクルは、それ以上のハイレベルなものであった。

江戸の町には、町内を歩き回って落ちている紙を拾い集め、紙屑買立場と呼ばれた問屋に持っていき日銭を稼ぐ「紙屑拾い」という職業があった。紙屑拾いは経営資金を持たない庶民でも日銭を稼げる職業であったが、経営資金を持っている者は自分で古紙などを買い集めたり、紙屑拾いからも買ったため、別に「紙屑買」と呼ばれていた。

紙屑拾いや紙屑買が拾い（買い）集めたのは紙屑だけでなく、古着・古布・古鉄などあらゆる物に及んだ。その人数は、幕府が把握できないほど多かった。問屋に集められた紙屑は製紙業者に引き渡されて漉き返され、再利用されたが、再利用率が高かったからこそ、回収率もアップし、古紙類の収集に従事する庶民の数も多かったといえよう。

金属のリサイクル

清涼飲料水などの容器として広く用いられているスチール缶、アルミ缶のリサイクルも、古紙と同じく、現代生活で最も身近なリサイクルの一つである。スチール缶の原料である鉄鉱石にせよ、アルミ缶の原料であるアルミニウムにせよ、外国からの輸入に全面的に依存している国内資源の現状がリサイクルを要請している。現在、スチール缶、アルミ缶の再資源化率は八〇％を超えているが、今以上に金属資源が貴重であった江戸時代は、鉄など金属類の回収・再利用率も極めて高いものであった。

江戸の町で鉄をはじめ金属類を買い集めることを職業とする「古鉄買」は、享保八年（一七二三）の数字では一一一六人、買い集められた古鉄の再生・販売に携わる「古鉄屋」の数は七九三人にのぼった。

江戸の町で古鉄買を営むには幕府の鑑札が必要であったが、鑑札を持たずに、火事場の焼け跡や道端で金属類を集める者が跡を断たなかった。それだけ、金属類の回収・再生は利益のあがる商売だったわけだが、江戸で古鉄買を営んでいたのは、別に江戸の町人とは限らなかった。

江戸の町以外で見ると、品川宿（六四人）・千住宿（七二人）・内藤新宿（一二〇人）・角筈村（一〇人）・中野村（一四人）の町人・農民も、特別に江戸での商売を許されていた。図31は、内藤新宿と角筈村に対して江戸町奉行所が交付した古鉄買札である。江戸の町で金属類を回収する際には、この札を携帯することが義務づけられていた。

次の史料は、新宿の古鉄買に対し、改めて江戸の町での商売を許すことを申し渡したものである。

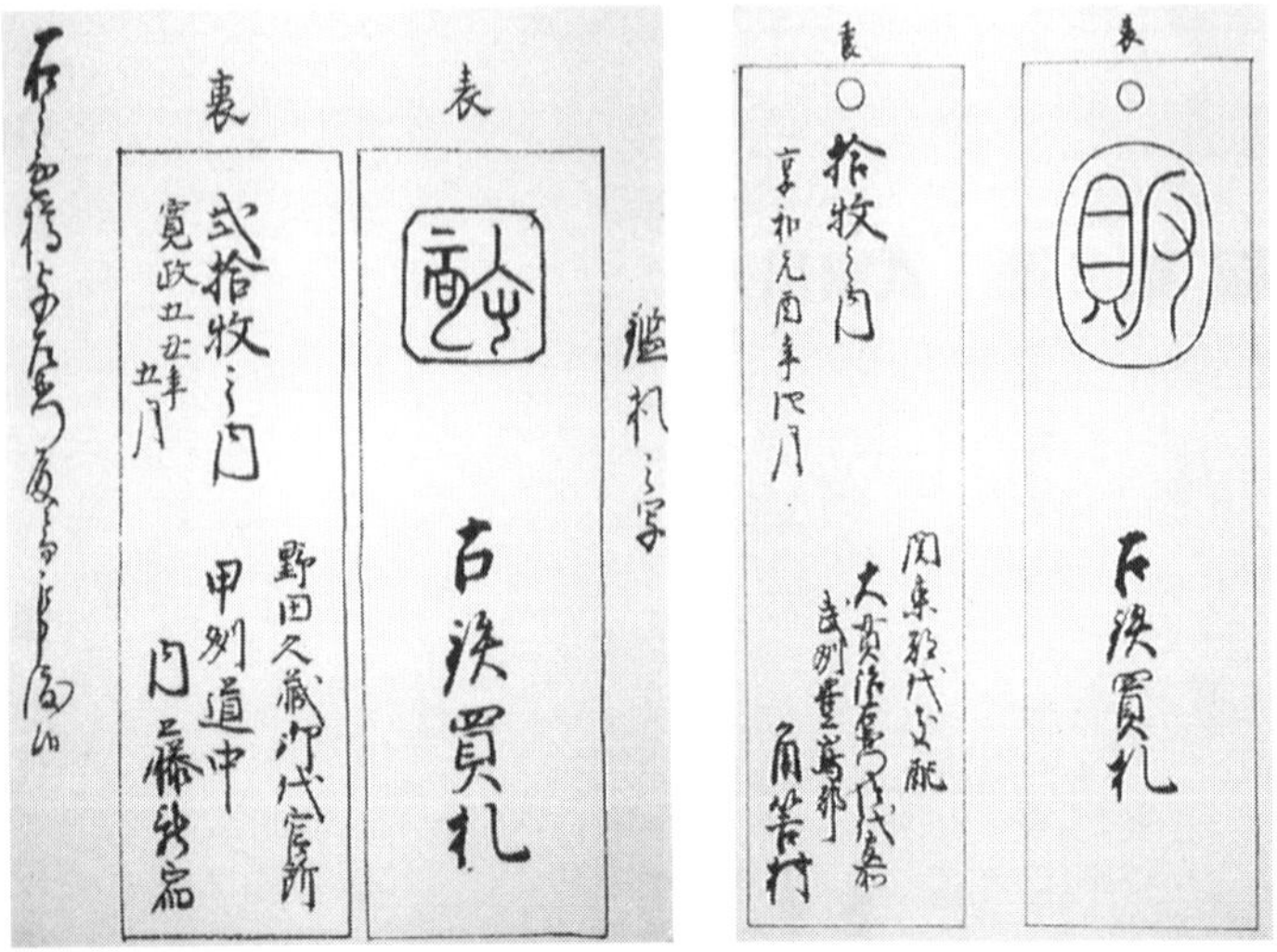

図31　古鉄買鑑札（左・内藤新宿、右・角筈村）

申　渡

一御代官野田文蔵支配内藤新宿古鉄買共弐十人、享保年中より、御鑑札所持いたし、町方古鉄買共同様に渡世いたし来り候ところ、町方古鉄買共へは、去々亥年糺しの上、差札相渡し候に付き、右内藤新宿古鉄買共へも、是迄の古差札相止め、此の度目立ち候鑑札相渡し、町方古鉄買共同様に渡世いたし候あいだ、其の旨相心得申すべく候（『類集撰要』）

この申渡から、享保期から、鑑札を交付された新宿の古鉄買が江戸の町で金属類を買い集めていたことがわかるが、ここで注目したいのは、江戸の町以外で回収を許されていたのは、江戸に入る街道の宿場や街道沿いの村であったということである。新宿をはじめとする江戸四宿は江戸と周辺地域の間の物資の流れを中継・仲介する役割を果たしていたが、リサイクル品の流れも同じく中継・仲介していたのである。

つまり、街道沿いの宿場の古鉄買が江戸の町で回収した金属類は、宿場での需要に応じるほか、新宿の古鉄買でいえば、甲州・青梅街道を通って江戸稼ぎにやってくる武蔵野・多摩地域の農民を主要なお得意さんにしていたのである。江戸稼ぎの農民はこの一帯で、農村では入手できない日用品を購入していたが、リサイクル品もその一つだったのである。例えば鉄などは農具に必要であったが、地元で入手するのは難しいため、宿場まで出向いて古鉄類を購入したのであろう。

甲州街道の場合は、新宿以外に、角筈村と中野村の村民にも古鉄買が許されていた。まさに、新宿を起点に甲州街道沿いでは角筈村、青梅街道では中野村まで町場化（都市化）している状況（図19）に、江戸町奉行所が対応していたのである。江戸四宿は、江戸の町と周辺地域の間の資源循環を仲介する役割を担っていたが、新宿の場合は、角筈・中野村までの一帯がその機能を果たしていた。

古着屋の町

新宿周辺は、古着リサイクルのセンターの一つでもあった。現在、フリーマーケットやガレージセールなどで、古着類が並べられるのは日常的な光景であるが、江戸時代は町人だけでなく、武士も古着を日用衣料品とすることは珍しくなかった。

享保八年、江戸町奉行所が古着屋に対して組合の結成を命じた時、組合に加入した古着屋の数は一四〇七人であったが、組合に入らずに商売をしていた者の数も含めれば、江戸全体で古着屋が取引していた古着は膨大な量に及ぶ。古着問屋が扱う年間の仕入高がゆうに一万両を超えるというように、古着リサイクルは当時の一大産業であったが、それは古着の回収・再利用率の高さを示す数字でもある。

江戸の町のなかでは、特に甲州街道沿いの麹町・四谷地域が古着屋の多い町として知られていた。江戸が東京となって、時代が明治・大正・昭和と代わっても、四谷は東京のなかでも古着屋の多い町であった。零細経営ではなく、大店が甲州街道沿いに店を構えていたという。それだけ大きな需要があったことがわかる。

麹町・四谷地域にとどまらず、古着屋は新宿にも三一軒、角筈村に八軒、中野村にも六軒あった。麹町・四谷から新宿を経て角筈・中野村に至る甲州（青梅）街道には、古着屋が林立していたのである。古鉄屋の場合と同じく、街道沿いの古着屋は江戸の町で不用となった古着類を買い付けて宿場での需要に応じるほか、甲州・青梅街道を通って江戸稼ぎにやってくる武蔵野・多摩地域の農民に販売していたのであろう。

古鉄・古着といった再利用可能な資源が、江戸の町と周辺地域の間を循環するのを仲介していた新宿は、江戸の循環型社会が機能していくうえで、なくてはならない役割を果たしていた。

江戸のバイオマス

近年、化石燃料に依存していた従来のエネルギー社会からの脱却が各方面で試みられ、太陽光発電、風力発電、そしてバイオマスエネルギーといった自然エネルギー、あるいは廃棄物の焼却時に発生する高温ガスを利用したゴミ発電といったリサイクルエネルギーなど、新たなエネルギー資源の開発が盛んである。資源の循環利用と廃棄物の最終処分量の減量を目指したこれらの新エネルギーは、東京都の公共施設で現在広く活用されているが、江戸およびそれ以前の社会では、バイオマスエネルギーが唯一のエネルギー資源であった。

バイオマスエネルギーとは、動植物が生成・排出する有機物を活用したエネルギーのことである。バイオマスエネルギーには、薪や木炭などの木質燃料のほか、家畜の糞尿や農業廃棄物を発酵させることで得られるメタンガスなどがあり、近年技術開発も急速に進んでいる。「江戸のコンポスト」でみた生ゴミの発酵熱を利用した促成栽培などは、まさにバイオマスエネルギーを利用した農法であったが、江戸の人々にとって最も身近なバイオマスエネルギーとは、薪・木炭といった木質エネルギーであった。

　百万都市江戸の生活を維持するには、莫大な量の薪・木炭が必要であった。

図32　薪の運搬（『江戸名所図会』より「代太橋」）

そのため、周辺の農村部では、江戸の大消費市場を目当てにした林業が盛んになっていった。燃料用だけでなく、多発する火災のため建築材としての需要も大きく、造林が広くおこなわれて次々と雑木林が生まれていったことは、「江戸の里山」で見たとおりである。

　こうして、新宿の西側に広がる武蔵野台地や多摩丘陵、奥多摩山系は薪・木炭の大産地となっていった。この地域を産地とする薪・木炭は、甲州街道や青梅街道を経由して江戸に運ばれたが（図32）、その一大集積地が新宿であり、数多くの薪炭問屋が軒を並べていた。新宿に店を構える紀伊国屋書店は、以前そうした薪炭問屋の一つであったが、昭和二年（一九二七）に現在の敷地内に書店を開業して、現在にいたっている。

江戸周辺に広がる雑木林（里山）はバイオマスエネルギーの供給源として、江戸の循環型社会を支えていたが、木質燃料の一大集積地であった新宿は、この点でも江戸の循環型社会が機能していくうえで重要な役割を果たしていたのである。

第七章　江戸の水環境

一　江戸の水循環

江戸の水資源

現在、東京の水資源は利根川・荒川水系に依存しているが、以前は多摩川を主たる取水源としてきた。しかし、昭和四〇年代以降は、急増する水需要に対応するため、利根川が主水源となった。それは、多摩川水系に依存してきた江戸以来の水道行政の転換を意味するものであった。

江戸の人々は、多摩郡牟礼村（現東京都三鷹市）の井の頭池を水源とする神田上水（神田川）と、多摩川流域の多摩郡羽村（現東京都羽村市）より取水した玉川上水から、主に飲料水を得ていた（図33）。神田上水が江戸の町の北部を給水区域としていたのに対し、玉川上水は南部を給水区域にしていた。

第一章で見たように、天正一八年、家康は江戸城に入ったが、それに先立ち、家臣大久保藤五郎に江戸の飲料水の調査を命じている。藤五郎は、目白台下の自然流路を利用して、神田方面に通水する小石川上水を作ったが、その後、江戸開府となって江戸が天下のお膝元になると、小石川上水だけでは増え続ける水需要に応じることができなくなった。そのため、井の頭池を水源とする自然流路を本道とし、途中、多摩郡上井草村（現杉並区上井草）の善福寺池（川）や下井草村（現杉並区清水）妙正寺池（川）からの水も流れ込んで、その後小石川上水と合流する神田上水が整備されたのである。完成したのは、寛永六年（一六二九）ごろであったと伝えられる。

こうして、井の頭池を発して目白下の関口大洗堰（現文京区関口）（図34）にいたり、さらに関口から小石川・水道橋を通過して、神田・日本橋を給水区域と

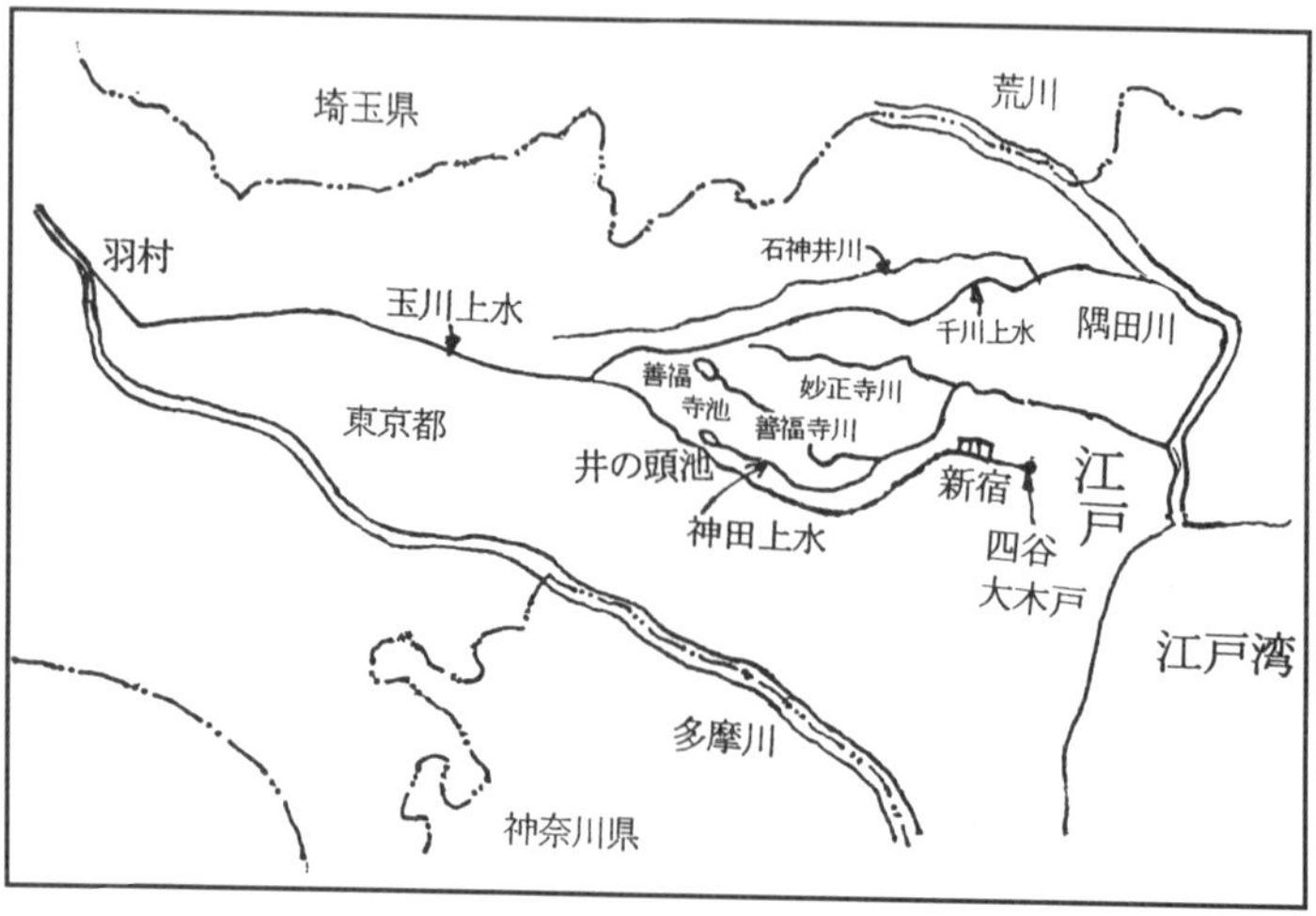

図33　江戸の上水略図

する神田上水が開設された。しかし、神田上水ができても拡大する水需要を賄うことは到底できず、すぐさま新たな給水源が必要となった。そこで、多摩川の水を江戸まで引き入れる玉川上水の開削が決定されたのである。

玉川上水とは、多摩川上流の羽村に取水堰を設け、羽村から四谷大木戸までのおよそ四三キロメートルの距離を、武蔵野台地の九二メートルの標高差を利用して導水し、その後は地下に石樋や木樋による配水管を敷設して、江戸の町に給水するというものであった。工事は承応二年（一六五三）四月にはじまり、わずか八か月で完成した。翌三年には、地下に石樋や木樋を敷設する配水工事もおこなわれた。以後、江戸城をはじめ四谷・麹町・赤坂の台地や京橋方面までの江戸市街地の南西部一帯へ、多摩川の水が給水されることとなる。

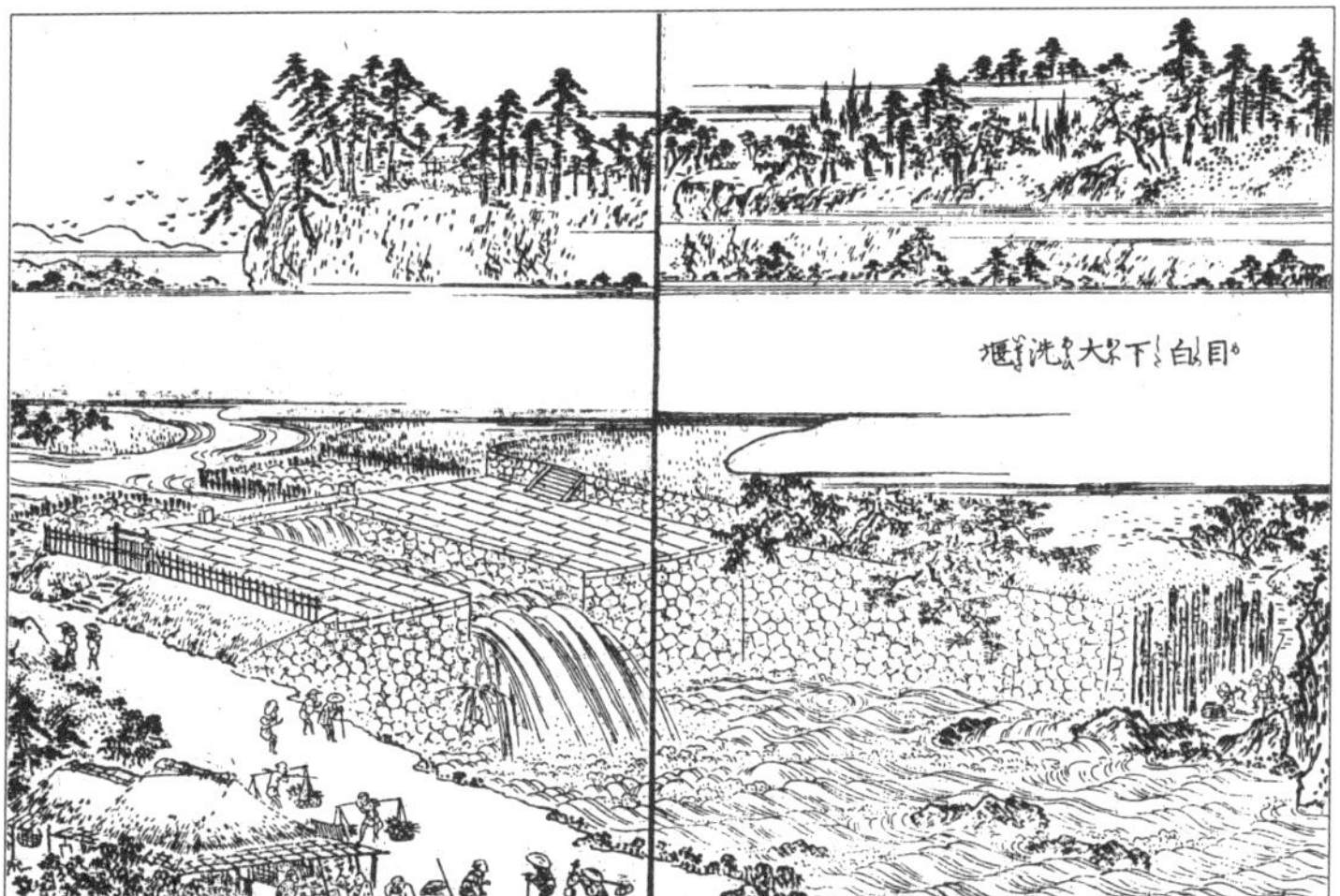

図34　「目白下大洗堰」（『江戸名所図会』）

玉川上水は、途中、野火止用水をはじめ流域の農村にも分水されたが、その恩恵を受けた村は三〇以上にも及んだ。これらの分水はもともと水資源に乏しい武蔵野台地の農村を潤し、その開発に大きく貢献する。神田上水へも分水し、その水量を補っている。玉川上水は、神田上水に勝るとも劣らない江戸のライフラインとして、江戸の町および武蔵野・多摩地域の農村を支える貴重な飲料水源になっていくのである。

四谷大木戸の水番人

玉川上水は、四谷大木戸から暗渠となって江戸の町に入っていくが、そのすぐ北側には、甲州街道が走っていた。羽村から南に少し下りながら流れてきた玉川上水は、多摩郡代田村（現世田谷区代田）で甲州街道と交差する。そこに架けられていたのが代田橋である。その後、玉川上水は甲州街道とほぼ並行して走り、四谷大木戸にいたる。

この大木戸には水番屋が置かれ、水番人が水量の調査や上水の保全などにあたっていた。図35に「水番」とあるところが、水番人が居住していた番小屋である。

四谷大木戸の水番人は、毎日水量をはかり、芥留めに掛かるゴミなどを引き揚げていたが、水量が普段より少ない時は、羽村以下の流域の村に対して、漏水がないかどうか、分水に規定以上の水が流れていないかどうか調査するよう命じている。水量が少なければ江戸は水不足となってしまうため、江戸の上水を所管する普請奉行に報告し、分水への水量を減らす処置が取られることもたびたびであった。逆に、大雨などで増水した時は、大木戸の手前で南に下っていく渋谷川に余分な水を流して水量を調節し、水が溢れて配水管など上水の設備が壊されないようつとめている。

　玉川上水の管理には、四谷大木戸の水番人だけではなく、流域の村も分担してあたっていた。しかし、玉川上水は四谷大木戸から暗渠になってしまうため、水量・水質を充分に管理できるのはここまでであった。そのため、四谷大木戸の水番人が負った責任はたいへん重いものであった。

　一方、武蔵野台地で三〇以上も分水してきた玉川上水は、代々木村（現渋谷区代々木）で最後の分水を神田上水におこなう。甲州街道を横切って北に向かった分水は、角筈村を縦断して神田上水に合流する（図19）。水量の補給を受ける直前、神田上水は青梅街道と交差するが、そこに架けられていたのが淀橋であった（図25）。青梅街道は淀橋を渡ると、すぐ柏木淀橋町・成子町であり、成子町を越えると、新宿追分で甲州街道に合流する。神田上水は淀橋を過ぎると北上して関口大洗堰にいたり、江戸の町に入っていく。

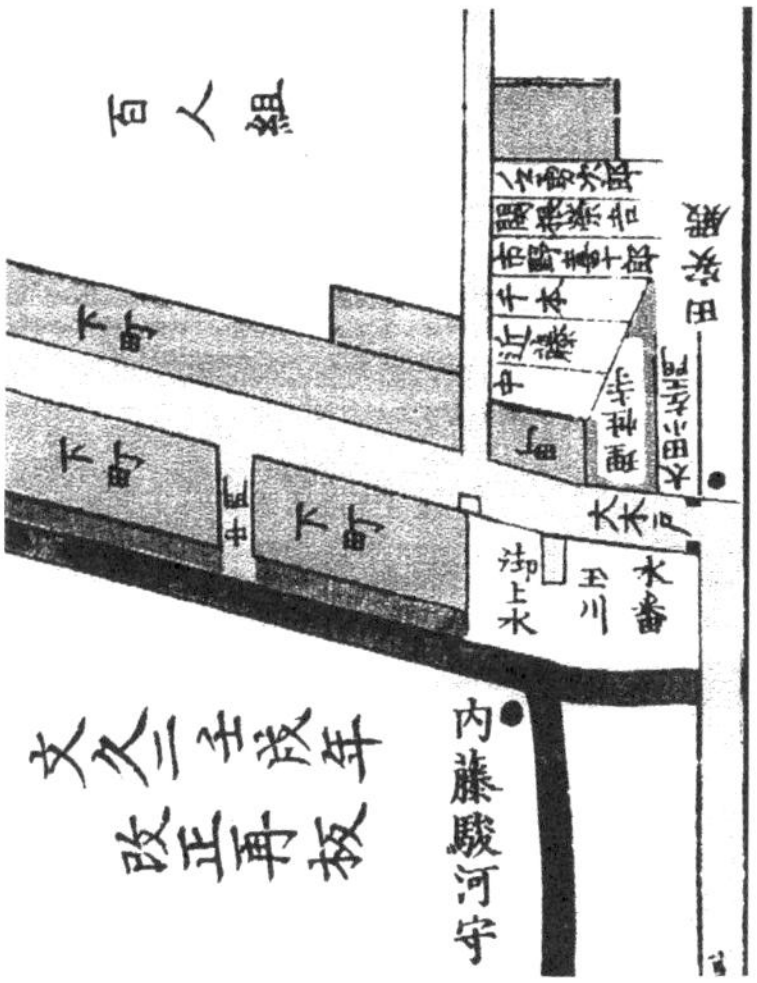

図35　水番の位置（「内藤新宿千駄ヶ谷絵図」尾張屋板『江戸切絵図集成』文久2年より）

このように、両上水と新宿の位置関係を見てみると、江戸の二つのライフラインが、一つは水量を補給し、もう一つは水量の補給を受けながら、新宿の町の近くを通過して江戸の町に入る格好になっていることがわかる。新宿は甲州・青梅街道を通して江戸の物流を支えていただけでなく、玉川・神田上水を通して、江戸の水資源・循環も支えていたのである。

二　江戸の水辺環境

水源林の保護

江戸の町に給水された上水は、各町に設置された井戸にいったん貯水され、必要に応じて汲み上げられた。当時は、原水中の不純物を沈殿させ、濾過し、薬品処理する現在のような浄水処理はなく、河川水をそのまま飲料水などに使用していた。そのため、原水の水質を保全することが水道行政の最重要課題であり、水源の涵養、水量の調節、水路・水質の保全など、水環境の保全には流域全体がかかわった。

玉川上水が取水源としていた多摩川の水源涵養林は、現在の東京都奥多摩町や山梨県塩山市に所在し、東京都水道局の管理下にある。総面積二万一六二八ヘクタールという広大な規模である。国土保全の観点から見ても、緑のダムとも呼ばれる水源涵養林の重要性はいうまでもないが、江戸の社会では、森林には特に厳しい管理体制が敷かれていた。それは、木一本に首一つと称されるほどであったが、多摩川の水源涵養林も例外ではなかった。

　神田上水の場合、その水源涵養林は井の頭池（図36）の周囲に展開していた。池の広さは五町三反四畝七歩（一万六〇二七坪）、多摩郡吉祥寺村（現東京都武蔵野市）内にあった水源涵養林の規模は、一一町四反五畝（三万四三五〇坪）であった。その管理を幕府から命じられていたのは吉祥寺村である。

　吉祥寺村による井の頭池の管理とは、池内に繁茂していた葭・茅・水草・藻草などを苅り取ることであった。水草類が繁茂すると、池の水質が悪化し、ひいては水量が減少してしまう。飲料水としていた江戸の町も、市中の水道組合が池の水門や柵の普請・修復費を負担するという形で、管理体制の一翼を担っていた。

　吉祥寺村が安政五年（一八五八）におこなった水源涵養林の調査によれば、総数一万一〇三一本のう

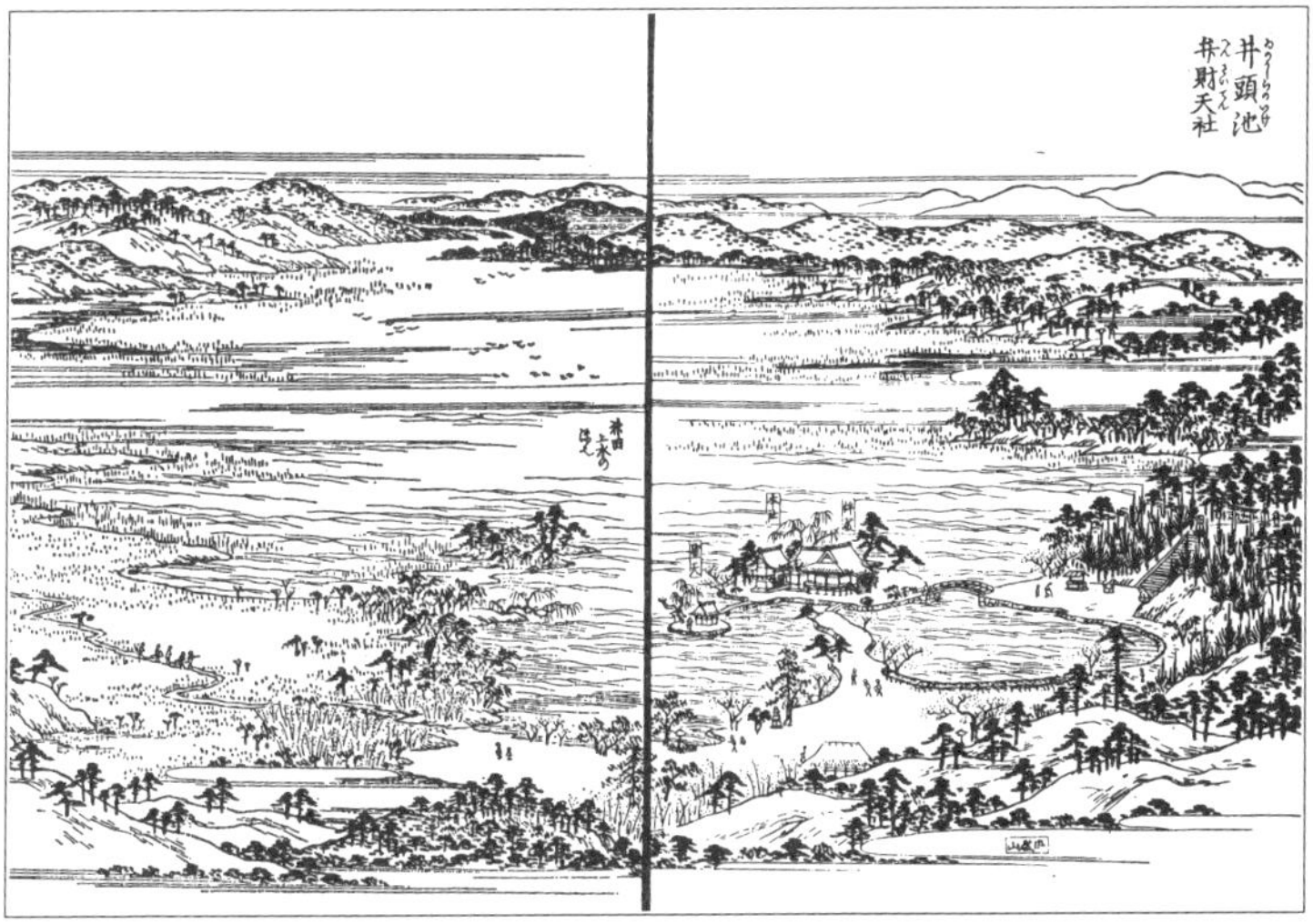

図36　井の頭池（『江戸名所図会』より「井頭池弁財天社」）

ち、大半は松・檜・椹など針葉樹であった。水源涵養林として維持するには定期的に植林する必要があったが、植林の際はもちろん、根が付いた段階で幕府に届け出ることも、吉祥寺村には義務づけられていた。弘化元年（一八四四）に檜・赤松を各二〇〇本、同三年に檜三五〇〇本・赤松二一八〇本・椹一二〇〇本を植林したという記録が残っている。

こうした手入れのほか、伐採する時にも役人が立ち会うことになっており、吉祥寺村は役人の接待や宿所の準備をしなければならなかった。村内に水源涵養林を抱えていることで吉祥寺村はさまざまな管理負担を負わされていたのである。

水量の調節

多摩川（図37）から取水していたのは、玉川上水だけではなかった。多摩郡稲毛・川崎領（現川崎市多摩区など）六〇か村の農業用水として、地域の発展に大きく貢献した稲毛・川崎二ケ領用水も、羽村から多摩川を少し下流に下った多摩郡中野島・宿河原村（現川崎市）で取水していた。しかし、江戸中期以降、江戸の人口増や分水路の増設によって玉川上水の需要が増加し、羽村での取水が強化されていくと、多摩川下流の水量は減少し、二ケ領用水の取水にも大きな影響を与えることとなる。

羽村には、普請奉行配下の同心が在勤し、陣屋が置かれた。陣屋の脇には水番小屋が置かれて水番人が詰め、同心の指示を受けて玉川上水の管理にあたった。羽村在勤同心の職務とは、取水が充分におこなわれるよう処置すること、多摩川が増水した時は取水堰が破損しないようにすること、水量が減少しているという知らせが江戸から届いた時は、流域を巡回したり、取水口を見回って、規定以上の水量が流れ込まないようにすることなどであった。水番人の職務は、毎日上水の水量をはかることであった。

羽村と四谷大木戸のほかに、甲州街道と交差する代田村にも水番人が置かれた。代田橋付近の玉川上水縁に居住し、芥留めに引っ掛かったゴミを毎日引き揚げるのが主な勤めであった。

水番人の勤めとしてはこのほかに上水の見廻りがあった。三か所の水番人以外に、多摩郡砂川村（現東京都立川市）の名主源五右衛門が見廻り役に任命され、都合四人が玉川上水を四つに分けて、その監視にあたった。羽村の水番人は羽村〜拝島村（現東京都昭島市）、砂川村の源五右衛門は拝島村〜国分寺村（現東京都国

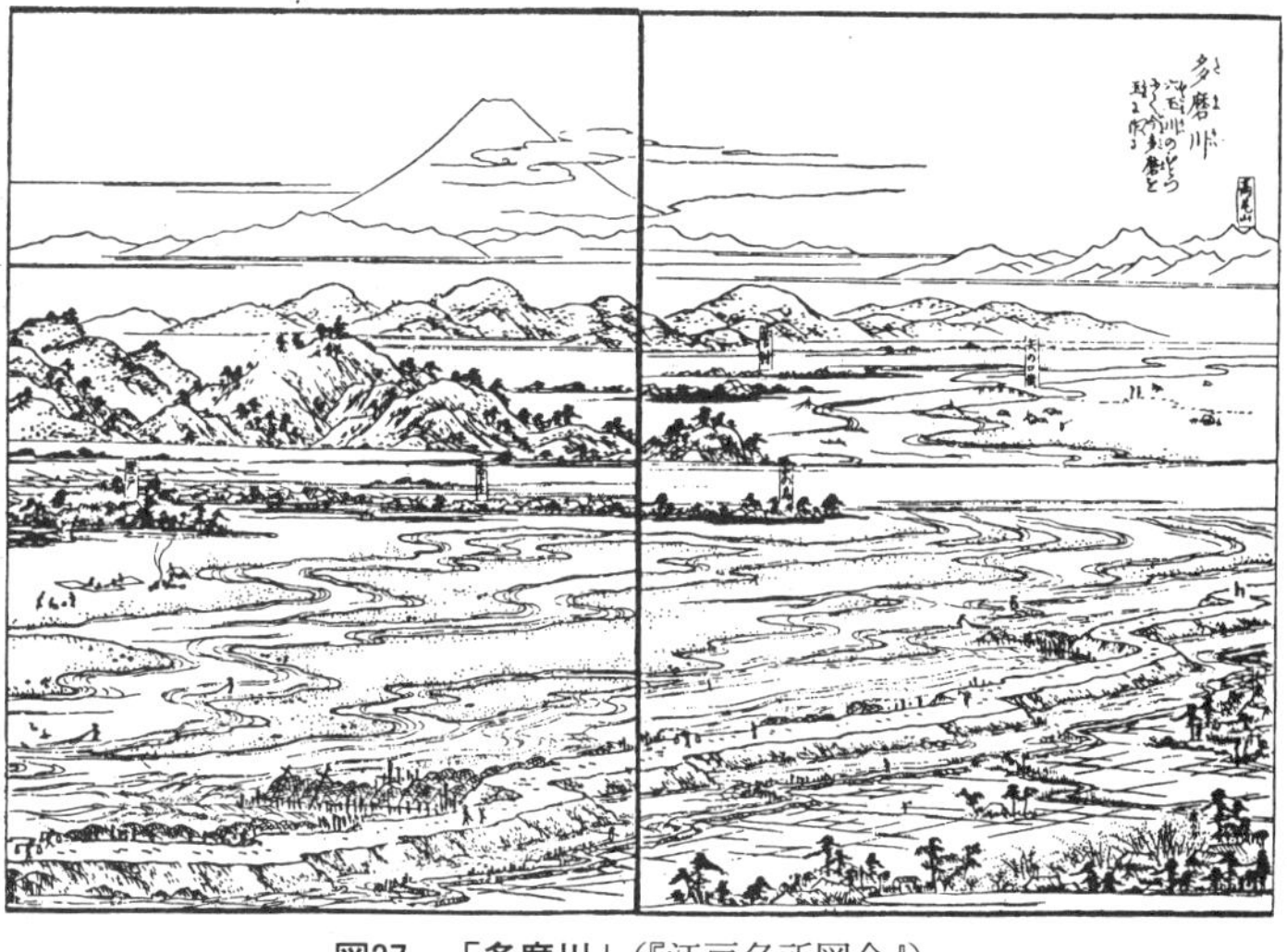

図37 「多摩川」（『江戸名所図会』）

分寺市)、代田村の水番人は国分寺村〜幡ケ谷村(現東京都渋谷区幡ケ谷)、四谷大木戸の水番人は幡ケ谷村〜四谷大木戸が担当区域であった。神田上水の場合は、関口大洗堰に水番人が置かれ、芥留めに溜ったゴミを引き揚げていた。

玉川上水や神田上水縁には、上水で魚を捕ったり、水を浴びたり、塵芥を捨てたり、物を洗うことなどを禁じる次のような高札が、各一〇か所ほど建てられていた。

此の上水道において、魚を取、水をあひ、ちりあくた捨へからす、何にても物あらひ申すまじく、并びに両側三間通に在り来り候並木・下草、其の外草伐り取り申まじく候事(『上水記』)

江戸の人々の飲料水になる以上、水質・水路保全の妨げになるような行為が厳禁されるのは当然であるが、実際に維持作業につとめていたのは水番人だった。

羽村取水堰(左に流れていくのが多摩川)

水路の保全

玉川・神田上水とも、水番人や見廻り役などが上水の管理にあたっていたが、流域の村にも管理の役務が課せられていた。飲料水として清潔に保ったままスムーズに流す必要があったためだが、この役務は、当該諸村にとって重いものであった。

玉川上水は多摩郡福生村（現東京都福生市）から四谷天龍寺門前（現新宿区新宿）、神田上水は牟礼村から豊島郡戸塚村（現東京都新宿区高田馬場）までの村や町が担当区域を割りあてられて役務についた。最も重要で負担が重かったのは、上水縁に繁茂する葭・茅などの刈り取りで、水質を保全し、水をスムーズに流して水量を確保するには、どうしても定期的にする必要があった。

草刈りの前と後には、幕府役人が見分のため出向いてきたが、その際、送迎・案内・接待などの役務が該当の村には義務づけられていた。そのほかにも、幕府役人に

玉川上水の流れ

よる見分はたびたびおこなわれたが、そのたびに同じ役務を果たさなければならなかった。両上水が村内を流れていた牟礼村などの負担は、特に重かったようである。

こうした上水流域村の重い負担のうえに、江戸の水環境の保全、そして水資源の確保は成り立っていたのである。

農業用水

玉川上水にせよ、神田上水にせよ、流域の村にはその保全の役務が課せられていたが、ほとんどの村は分水という形で上水から飲料水や潅漑（農業）用水を得ていた。新宿が廃宿となった吉宗の治世は新田開発が盛んな時代であり、武蔵野台地の新田（実際は畑）開発は代表的なものだが、水資源に乏しいこの地域の開発を可能にしていたのが、上水からの分水であった。

開発農民への飲料水や潅漑用水としての需要を賄うため、上水流域には分水が次々と設けられていった。玉川上水の三三の分水のうち、半数がこの時期に開かれた。その結果、玉川上水は、江戸への送水量よりも途中の村へ分水する量の方が多くなり、江戸の水不足を恐れた幕府は羽村での取水を強化していく。しかし、それは多摩川下流の水量を減少させ、中野島・宿河原村で取水する稲毛・川崎二ケ領用水に深刻な影響を与える。

江戸の水事情を最優先させる幕府の方針は、分水に依存していた武蔵野の農村にも大きな影響を与える。分水の二〇％、三〇％制限は当り前となり、渇水期には七〇％、八〇％制限、時として分水口を締め切ってしまうこともあった。分水制限が守られているかどうかを確認するため、幕府役人や上水の見廻り役（水番人）は村々を督励して廻った。

「中村家文書」によれば、井の頭池を水源とする神田上水の場合は、分水という形でなく、流域の村が一定の期間だけ、草堰や板堰を設けて引水し、田用水として利用していたようである。豊島郡戸塚村の事例を見ると、毎年五月から八（九）月の間、村内を流れる上水縁に草堰を設けて引水していた。草堰を設置したり取り払う際には、幕府に届け出ることになっていた。両上水とも、分水を使用している村は、使用料として「水料米」を幕府に納めた。

江戸の水車

分水や草（板）堰により引水された上水は、飲料水や農業用水以外では水車の動力として用いられた。水田に引水したり、米を搗いたり、麦などを製粉する動力として、水車は活用されていたのである。

第五章で見たように、このころ、江戸の食生活にうどんや蕎麦が普及し、小麦粉・蕎麦粉の需要が高まっていた。それに目をつけた武蔵野・多摩地域の農村では小麦や蕎麦の生産が盛んとなり、製粉して新宿の穀物問屋などに送っていたが、製粉の動力として水車が広く普及したのである。

なかでも、淀橋近くに設けられていた水車（図25の手前）は、『江戸名所図会』に描かれるほど有名だったが、幕末になって外国との軍事的緊張が高まり、幕府が軍需産業の振興に力を入れはじめると、火薬製造の動力として活用される。しかし嘉永七年(一八五四)の六月一一日、大音響とともに爆発事故が起きて、周辺一帯に大きな被害を与えた。その後は淀橋の水車は火薬製造に使用されることはなく、これまでどおり米や麦を製粉する動力として利用されたという。

桜並木と広重

玉川・神田上水は江戸のライフラインとして江戸の水需要を支えていたが、江戸の人々は、水資源以外のものも玉川上水から得ていた。寛文一〇年(一六七〇)、幕府は玉川上水の流域のうち、上水から幅三間(五メートルほど)を両岸とも上水路の敷地に指定し、町年寄にその管理を命じた。町年寄は、桜・松・杉などの苗を植え、上水縁には桜並木などが立ち並ぶようになった。こうした並木は、本来上水路を保全するためのものであったが、江戸の人々は次第に江戸の桜の名所として注目するようになる。

第八章で見ていくように、江戸近郊には数多くの名所があり、癒しを求める江戸の町の人々や近郊の人々で賑わっていた。武蔵野新田が玉川上水からの分水により次々と開発されていったころ、徳川吉宗は隅田川堤(墨堤)や王子飛鳥山(現東京都北区)など、江戸近郊への桜などの植樹を精力的に進めていった。その後、隅田川堤や飛鳥山は、代表的な江戸の桜の名所となっていくのである。玉川上水縁への桜の植樹も進んだ。後に「小金井の桜」として有名になる小金井村(現東京都小金井市)の上水縁の桜並木は、このころ植樹されたものである（図38）。

初代歌川広重の『名所江戸百景』に「玉川堤の花」（図21）という作品がある。これは、新宿のすぐ南側を走っている玉川上水縁に植えられた桜並木と上水を構図としたものである。上水縁に多くの人々が訪れて賑わっている様子が描かれ、その桜並木が新宿の賑わいにも大きく貢献していることがわかる。小金井の上水縁の桜も広重は描いており、小金井の桜にとって大きな宣伝となっていた。新宿の桜にせよ、小金井の桜にせよ、上水縁の桜並木は、江戸の人々の心に安らぎや潤いを与えていたのである。

環境用水

幕末から明治前期にかけて、水系伝染病であるコレラが何度となく大流行し、江戸の上水の不備が衛生上の観点から問題にされはじめる。生活排水が流れ込ん

図38　小金井の桜（中央を玉川上水が流れる。『江戸名所図会』より）

だり、木樋が腐食することで、原水が汚染されていたのである。そのため、浄水場で清澄に濾過された水を鉄管で配水する欧米式の改良水道工事が開始され、明治三二年（一八九九）に完了するが、その浄水場が設置された場所が角筈村であった。この浄水場は淀橋浄水場と呼ばれ、以後東京の水需要を支えていくが、戦後の新宿副都心計画により、東京都東村山に浄水場は移転される。その後、跡地に東京都庁をはじめとする超高層ビルが建設され、現在にいたる。

玉川・神田上水は、明治三四年に東京市内への給水が停止され、その歴史を閉じるが、淀橋浄水場に導水された原水は玉川上水であった。依然として玉川上水が東京のライフラインであり、東京の水需要を支えていたのである。しかし、昭和四〇年代以降は急増する水需要に応じるため利根川が主水源となった結果、玉川上水は江戸以来の都心への導水路としての役割を終えることになった。上流の水も途中の東京都小平市で東村山の浄水場に送水されたため、小平以東への水の流れは途絶えてしまった。

しかし、昭和六一年（一九八六）に、清流復活事業によって、水の流れが復活する。昭島市にある東京都下水道局多摩川上流処理場で高度処理された再生水が、環境用水として、小平から一八キロメートル下流の杉並区高井戸の浅間橋まで放流されるようになったのである。

現在、東京の各地で進められている都市再開発事業では、水の循環利用が必須となっているが、玉川上水の清流を復活させたこの環境用水は、水の循環利用の一つなのであった。

第八章　江戸の鎮守の森

一　江戸の名所

都市の緑化

江戸が緑と四季の花々に恵まれた田園都市としての顔を持っていたことは、よく知られている。幕末に日本を訪れた外国人の目にも、江戸の緑豊かな景観は印象的だったようである。

江戸の土地の約六割は江戸城をはじめ武家の屋敷であったが、その多くに大小さまざまな庭園が造られていた。江戸城内の吹上庭園は一〇万坪ほど、御三家筆頭の尾張徳川家が所持していた戸山屋敷（現新宿区戸山一〜三丁目）の庭園（戸山荘）に至っては、一三万坪という日本最大の規模を誇る庭園であった。その壮麗さは、絵巻などさまざまな資料に残されている。

また、江戸の土地の約二割は寺社地であったが、特に大きな寺社の境内地は緑が豊かで、江戸の人々にとって格好の遊覧場所になっていた。神社にも、鬱蒼とした鎮守の森があった。この時代は園芸文化が花開いた時代であり、観賞・園芸植物に対する武士や庶民の需要を目当てに、江戸の各地で植木や花卉の栽培が盛んであった。特に巣鴨・染井地域（現豊島区巣鴨・駒込）は植木の里として知られていた。新宿のすぐ北にあたる大久保地域でも、つつじの栽培が下級武士の内職として盛んで、つつじは大久保の代名詞にもなっていたほどである（図39）。現在、新宿区の花でもある。このような景観を指して、江戸は庭園都市であったとする研究者もいる。

江戸名所の誕生

庭園都市あるいは田園都市とも評される江戸およ

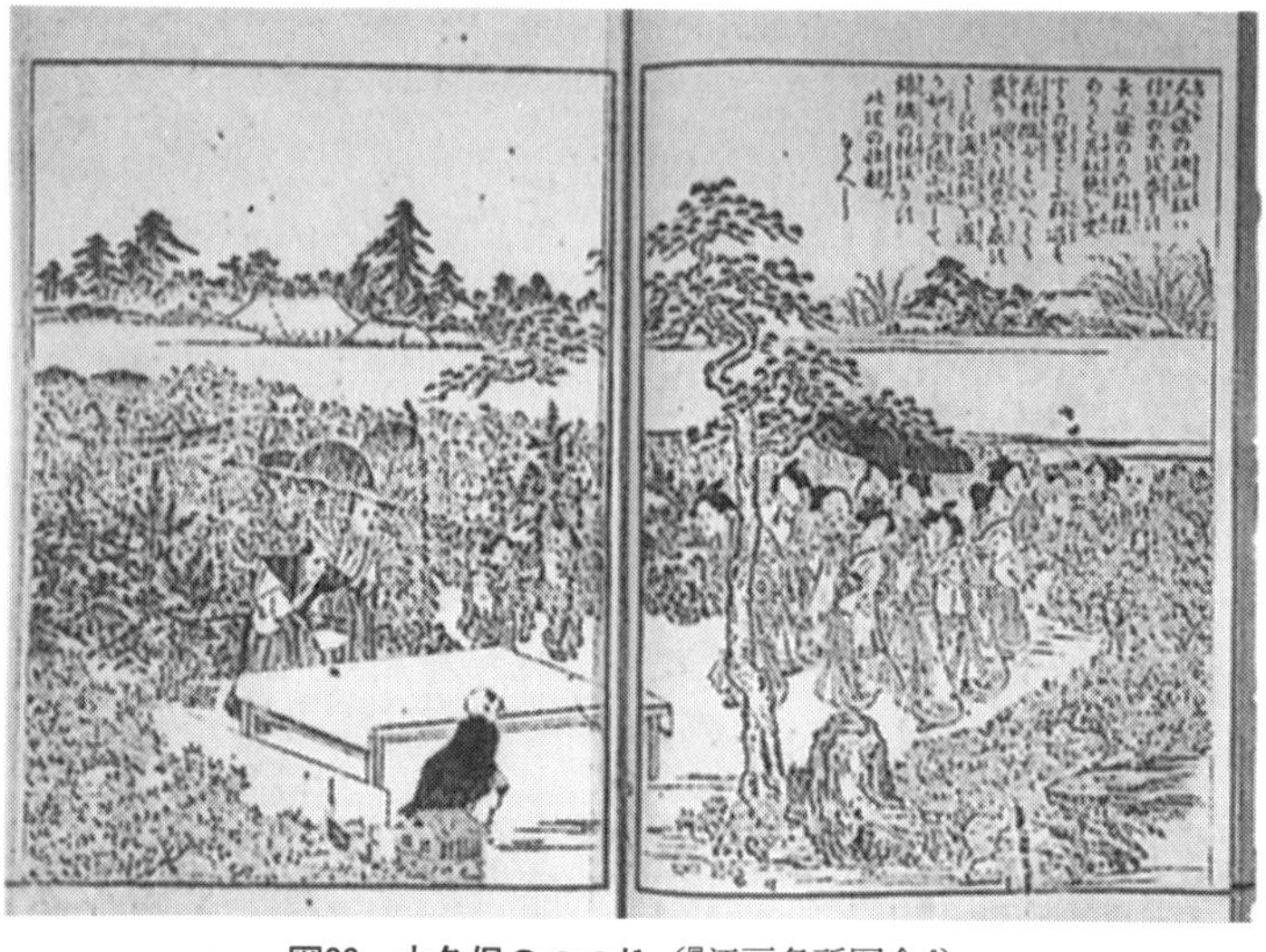

図39　大久保のつつじ（『江戸名所図会』）

び近郊には、水と緑を主題とする数多くの名所があった。江戸中期以降、江戸市民は市内や近郊への行楽行動を活発に展開させ、多くの名所を作り上げていく。

江戸が世界最大級の都市として巨大化していくにつれ、市民は身近な自然を失い、日常生活のなかでは自然との交流が不可能になっていった。そのため、自然との交流を求めて、近郊を訪れる行楽行動を取るようになる。人間関係が希薄な都市社会では、市民は日常生活で生まれる不安を個人の意志による祈願行為によって解消していた。祈願の内容は主に病気・災難などの除去や商売繁盛であったが、寺社側も神仏の霊験を強調することで多くの参詣者が訪れることを期待した。それは、当の寺社の経済的基盤の安定化にもつながるものであった。

江戸市民が広範な行楽行動を展開した背景には、江戸の都市化と、その影響を受けた市民の自然観、信仰形態があった。名所は自然との交流や神仏との交感を通じて江戸市民に気晴らしを約束してくれたが、このころ、『江戸名所図会』をはじめ、江戸の名所に関する書物が数多く出版されたことは、名所への行楽行動を一層活発化させていった。

『江戸名所図会』には数多くの江戸の名所が図入りで紹介されているが、その多くは寺社が主要な対象であった。寺院、神社から鎮守、稲荷、祠にいたるまで、江戸には数多くの宗教施設があった。しかし、現在のように無数の娯楽が氾濫している時代とは違い、娯楽が限られていたこの時代、宗教施設への参詣とは、江戸の人々にとって信仰心を満たすことはもとより、余暇を楽しみ、癒しも得られる貴重な機会であった。

ちなみに、江戸以来の稲荷が、地域の人たちによって今も大切に守られている事例は数多くある。例えば、四谷大木戸近くの現新宿区四谷四丁目のマンション街の一角には、田安・鎮護稲荷神社という稲荷が鎮座している。江戸時代、このあたりには徳川御三卿の一つ田安家の屋敷があり、この稲荷は屋敷神として祀られていた。明治に入って田安家の屋敷が近隣の屋敷とともに政府に取り上げられ、跡地が四谷永住町となると、同町が稲荷を引き継いで守り続けることになった。

戦後まもなく、四谷永住町と塩町三丁目が合併して四谷四丁目となった後も変わりなく、現在にいたっている。昭和五六年（一九八一）には、田安家九代目当主の徳川宗賢氏が参拝し、稲荷に徳川家の定紋付きの幕を一張、奉納したという。ビルの屋上、あるいはビル街に挟まれるように鎮座している稲荷の姿を現在でも都心によく見

田安鎮護稲荷神社（四谷４丁目）

かけるが、その多くは江戸以来の由緒を持つのである。

名所と盛り場

こうして、神社仏閣をはじめ江戸各地の名所には、特に縁日などに、江戸や近郊から多くの人々が集まってきた。そして、その周辺では、集まってくる人々を目当てにした商売が次第に盛んとなり、盛り場が自然に生まれていった。

盛り場は祭礼や縁日、月見・花見など年中行事としての特定の日のみに賑わうのではなく、絶えず人が集まっている場所であった。そこには水茶屋・菜飯茶屋などの飲食店、楊枝や小間物を売る店、楊弓などの遊び場、芝居小屋・見世物小屋が立ち並んでいたが、寺社の側としても、周りに盛り場があることで、参詣客の増加につながることを期待していたであろう。

江戸の代表的な盛り場である浅草・両国地域には、浅草寺への参詣、隅田川での川遊びというように、集客が期待できる要素が多かったが、新宿や品川などの宿場町も活気あふれる江戸の盛り場の一つであった。品川宿にせよ、新宿にせよ、宿場町というより、日帰りもできる近郊の行楽地・繁華街（盛り場）として繁盛していた。第二〜四章でみた新宿の開設・廃止・復活という一連の流れにも、宿場町（江戸四宿）が盛り場としての色合いを濃く持っていたことが大きく影響を与えていたのである。

ところで、盛り場と持ちつ持たれつの関係にあった寺社では、より多くの参詣客を集めるため、さまざまな工夫を凝らしていた。神仏の霊験を強調する縁起を配布して宣伝につとめたり、普段は人目には触れさせない秘仏や霊宝の御開帳を随時催していた。毎日、江戸のどこかで秘仏が公開されているといってもよいほど、御開帳は頻繁におこなわれた。普通、期間は二か月であったが、それより短期間、あるいは一日限りのものを含めれば膨大な数に及んだと推定される。

寺社境内の盛り場化

寺社にとり、御開帳の目的が収入の増加にあったことはいうまでもない。境内には、飲食物や小間物などを販売する出店や、芝居や軽業などが演じられる見世物小屋が、期間限定で建てられた。そのほか、近隣の町や信者からの奉納品も並べられた。秘仏や霊宝はもちろん、出店や見世物などを目当てに多くの人々が参詣し、期間中、境内はたいへん賑わった。やがて、御開帳された神仏よりも開帳場での奉納物や見世物の人気で、寺社は参詣客を集めるようになっていく。

開帳場である境内が期間限定の盛り場と化していたわけであるが、当の寺社にとっても、境内があたかも盛り場のように賑わうほど参詣客が増えれば、お賽銭の額も格段に増える。信者からの奉納や寄進、出店からの場所代も、臨時収入となる。その経済効果は魅力的だったろう。そのため、浅草・両国地域の寺院などは、全国各地の寺社が出張して開帳をおこなうメッカとなっていた。

何といっても、集客力が期待できる地域であったことが、出張してくる寺院にとっては魅力的であったが、これは新宿にもあてはまる。そのため、立地条件を活かして新宿に続く形で都市化が進んでいた角筈村でも、鎮守である熊野十二社権現において御開帳が何度か催されたのである。

二　江戸の御開帳

江戸の鎮守

最近、自然環境への関心の高まりから、かつては身近な存在でありながら現在では失われつつある、人間と自然が共生する場が注目され、保存の機運が高まっている。第六章で取り上げた里山は、全国各地で保存運動が展開され、埼玉県狭山丘陵に展開するトトロの森はその象徴的な存在となっているが、鎮守の森も人間と自然が共生する場の一つである。

日本では、町や村など集落ごとに鎮守が祀られ、氏子により長きにわたって守られてきた。神社だけでなく、神社を包む神々の森も守られてきた。しかし、近年の開発により鎮守の森は次々と失われ、全国いたるところで消滅の危機にさらされている。そうした状況への危機感から、平成一四年（二〇〇二）には、鎮守の森、神社の森（社叢）を学際的・総合的に研究する社叢学会が設立され、活発な活動を展開している。

ところで、角筈村の鎮守・熊野十二社権現とは、東京都庁のすぐ後ろにある新宿中央公園内の一角を占める熊野神社のことであり、現在でも、新宿区西新宿地域などを氏子圏としている。紀州熊野三山の十二の神々を勧請して、室町時代前期、この地に祀られたと伝えられている（図19）。

江戸時代は熊野十二社という名称で呼ばれていたが、単に角筈村の鎮守であるだけでなく、境内の広大な池や滝、そして鎮守の森と一体となって、風向明媚な景観を作り上げていた。当時人気のあった江戸の名所（景勝地）であり、歌川広重も『名所江戸百景』でその様子を描いている。特に熊野十二社の池は、船遊びを楽しむ人々で昭和初期まで賑わった。「柏木・角筈一目屏風」にも、鬱蒼とした鎮守の森に囲まれた十二社が描かれている（図40）。まさに、熊野十二社は江戸の鎮守の森として、江戸の人々の癒しの場となっていたのである。

芝居と軽業

熊野十二社で開催された御開帳は、新宿復活後の百年足らずの間に三度を数える。御開帳には幕府の許可が必要であったが、第一回目は安永二年（一七七三）三月のことである。新宿が宿場町として復活したのは前年（明和九年）の四月であり、復活によって人々が集まってくるのをあてこんだのであろう。

三月二一日から六〇日間にわたり、十二社の観世音や霊仏・霊宝が御開帳となった。境内には、水茶屋や楊弓場などの小屋が建てられて賑わいを見せた。現在、新宿区指定有形文化財となっている「七人役者図絵馬」は、安永二年四月、市村座の若手人気歌舞伎役者であった吾妻富五郎と大谷谷次が熊野十

熊野神社（西新宿 2 丁目）

図40　熊野十二社（「柏木・角筈一目屏風」）

二社に奉納したものであるが、この御開帳記念に奉納したものと思われる。

第二回目の御開帳は、文政三年（一八二〇）三月のことである。前年の一一月には、来年の御開帳を予告する札が日本橋など一〇か所に建てられている。期間は二か月であったが、雨天が続いたことなどを理由に一九日間延長されている。

御開帳中は淀橋町の文五郎という者が香具師として三七店舗を境内に出し、そのほか、角筈村の伝八ら三人が四〇店舗を自分の地所に出していた。出店の大半は食べ物を売る店や水茶屋であったが、軽業や操り人形の小屋も建てられていた。竹田からくりと呼ばれた人形からくり芝居などが演目に出され、そこでの見世物は喝采を浴びたが、なかでも人々の目を引いたのが、池での角乗であった。

池には、酒・醤油樽を積んだ帆掛け船の造り物と、その付近に角材が二、三本浮かべられていた。まず、高下駄を履いた演者が船から角材に飛び乗り、水車のように廻す。次に角材の上に建てた梯子の頂上に乗って、消防の出初め式の時のような軽業をして、人々の喝采を受けるのである。この時、太田南畝が熊野十二社に奉納した手水鉢は、現在も熊野神社にある。

細工見世物の奉納

天保一一年（一八四〇）の第三回目の御開帳は、熊野十二社が社殿の修復費を捻出するために催したものであった。当初は、四月から二か月の予定であったが、雨天などを理由に一八日ほど延長されている。この時は、角筈新町の留右衛門が香具師として、池の周囲に建てられた出店を仕切っていた。食べ物を売る店や水茶屋の数は四一店舗であり、ほかに二軒の見世物小屋で軽業や竹田からくりが演じられた。

出店した茶屋からは、前回のような池での角乗や、筏の上での子供の手踊り・お囃子が奉納された。次の史料は、当時熊野十二社を管轄下に置いていた中野村の成願寺が角筈村名主渡辺伝之丞と連名で、池での角乗について幕府役人に届け出たものである。

書付を以って御届申し上げ候

一熊野十二社権現開帳中、上池用水溜へ角乗業の者、地内惣茶屋中より奉納として差し出し候に付き、此段御届け申し上げ候（「渡辺家文書」）

四谷伝馬町二丁目（現新宿区四谷）の大塚屋半蔵からは、酒樽を載せた藁細工の宝船が奉納されたが、船の脇には俳句が記されたご燈明が掛けられていた。角筈村に屋敷を所持していた山形藩主秋元家からは石燈籠が、淀橋町からは石燈籠と金一〇両が、柏木村からも金一〇両が奉納・寄進された。

角筈新町・角筈村や近隣の本郷村・中野村・淀橋町・成子町の若者仲間からは、麦藁細工の撞木に蛇がからみつくという奇抜な籠細工（図41）と金一〇両が、代々木村新町からは、獅子に牡丹がちりばめられた貝細工が奉納された。この細工物は、角筈村からも近い四谷新堀江町（現新宿区三栄町）の巳之助という者が製作したものである。成子町からは、竹の腰掛台に女人形が腰を掛け、その脇に子供人形が虫籠を持つという細工物が奉納された。

次の史料は、成子町や角筈村などからの奉納品について、成願寺が幕府役人に届け出たものである。

　恐れながら書付を以って、御訴え申し上げ奉り候

一熊野十二社権現開帳中、成子町より庭形仕り、木戸の際へ竹の腰掛台へ女人形腰を掛させ、其の脇へ子供人形虫篭を持ち候人形、并びに銭二百貫文額札奉納として差し出し、新町・角筈村・本郷村・中野村・淀橋町・成子町右六ケ所子供中より麦藁細工のしもくに、蛇のからみ付き候かたちになぞらへ、籠細工に仕り、金拾両の金札奉納として差し出す

『渡辺家文書』

こうした細工見世物の奉納（陳列）にあたっては、事前に幕府の検閲を受けることが義務づけられていたことがわかる。内容によっては、幕府から細工見世物

図41　奉納籠細工（「渡辺家文書」）

の差し替えを命じられることもあった。

当時、江戸の見世物では、米藁細工・からくり細工・瀬戸物細工・貝細工・ギヤマン細工などの細工見世物が、曲芸や演芸、動物の見世物などを、数の上でははるかに凌いでいたという。角筈新町など六か所の若者仲間や代々木村新町が奉納した籠細工・貝細工といった細工見世物はその一つであるが、細工の奇抜さからは、このイベント化した場で、自分たちの存在を強くアピールしようという意思が読み取れる。現代でも、祭礼など人目につく場で、あえて派手な衣装を身に付けたり、扮装している姿を見かけるが、それと同じことであろう。

こうして、御開帳の場では、細工見世物が派手になったり、奇抜さを競うようになったり、あるいは巨大化していった。当然、製作の費用も嵩んだであろう。文政一〇年（一八二七）、さすがに幕府もこの現状を見兼ね、以後何の理由もなく、新規に巨大な造り物を奉納したり見世物をおこなうことを禁じている。しかし、天保一一年の熊野十二社御開帳を見ても、なかなか改まらないのが実情であった。

熊野十二社と新宿

熊野十二社での御開帳は、主催者の十二社はもちろん、境内の出店を仕切っていた香具師、出店した小売り商人、見世物の興行師、鎮座する角筈村にも大きな経済効果をもたらしたが、新宿にとっても大きな経済効果があったと思われる。江戸の町や近郊から、普段以上の参詣客が隣の角筈村に押し寄せていたわけであり、御開帳期間中は新宿への客足も伸びていたことであろう。

十二社から見れば、すぐ東隣の新宿が江戸近郊の行楽地・繁華街として繁盛していたことは、参詣者の集客にプラスに働いたわけだが、一方の新宿側から見ると、十二社の存在は、新宿の町を江戸近郊の行楽地・繁華街として繁栄させた要素の一つであった。

同じ江戸四宿の品川宿の場合、旅籠屋や茶屋などはもとより、品川御殿山の桜、東海寺・海晏寺の紅葉、海辺での潮干狩りなど、周辺にいくつかの行楽地を抱えており、それが宿場そのものを江戸近郊の行楽地としていった大きな理由であった。新宿の町にあてはめてみると、江戸の名所・景勝地であった熊野十二社こそが、宿場への集客につながる代表的な行楽地にあたるのである。

新宿と熊野十二社、および角筈村は持ちつ持たれつの関係にあった。その関係を最大限に利用したのが、熊野十二社の御開帳という一大イベントなのである。

文政三年御開帳の翌四年には、新宿の町からの強い要望により、当時、江戸周辺の霊場として武士や庶民の信仰を広く集めていた高尾山薬王院が、新宿の太宗寺（図13）で御開帳をおこなっている。もろもろの費用は新宿側で負担するという条件で薬王院の承諾を取り付けたのであるが、新宿側には、御開帳が宿場の繁栄につながるという強い期待があった。角筈村での御開帳に刺激されたのかもしれない。御開帳がもたらす経済効果への期待はそれほど大きかったのである。

終　章　江戸から東京へ

「都市の歴史とは土地の歴史である」という視点を持つ建築史家の鈴木博之氏は、東京に限らず都市のなかに「場所の精神」を読み解く作業を続けている。それは、社会や歴史の記憶を土地のなかに読み解いていくことであり、そうした記憶が幾重にも張りめぐらされた場所の集合体が都市（東京）であった。つまり、場所に蓄積されていく「土地の記憶」から、その土地の持つ文化的・歴史的・社会的な背景がさまざまに読み解かれているのである。

都市とは、為政者や権力者の構想、有能な専門家の都市計画のみによって作られるものではない。現実に都市に暮らし、都市の一部分を所有する人たちが、多様な可能性を求めて行動する行為の集積によっても作られる。このように、鈴木氏は土地と人間の力によって歴史が動かされていく側面を、都市（東京）を舞台として鮮やかに描き出している。

本書では、新宿という土地に焦点を当てて、江戸開府からの四〇〇年の歩みをたどってきた。改めて新宿の歩みを振り返ってみると、新宿という土地、そして新宿に集まってくる人間、この二つの要素により歴史が作られていった色合いが濃い町であることが確認できるのではないだろうか。

新宿とは、江戸の都市計画によって作られた町ではなかったが、全国の政治・経済・文化の中心として発展していった江戸の町がその旺盛な経済活動を維持し続けていくには、新宿の地に宿場町を造成して、物流のターミナルとすることがどうしても必要であった。こうして、江戸開府から約一〇〇年を経た元禄のころ、新宿の町が誕生したが、実際に宿場町の造成に資金を投入したのは幕府ではなく、江戸最大の米市場を抱え、巨額の金が動いていた浅草地域の商人であった。

商人側には、新宿に浅草のような繁華街（盛り場）を作る目論見があった。その目論見通り、新宿は江戸近郊の繁華街としてまたたく間に発展を遂げていくが、享保改革の時には、それが逆に仇となる。粛正の見せしめとして、新宿は宿場の機能を強制的に停止させられるのである。

しかし、江戸の経済活動・物流を支える要衝に成長していた新宿の町に対して、廃宿の直後より、社会の各層から、その再興運動が活発に展開されていった。約五〇年後に新宿は宿場町として復活するが、宿場町が地域にもたらす経済効果への期待の大きさが再興運動の原動力となっていた。新宿には人々の思惑が渦巻いていた。可能性を求めてさまざまな人々が集まってきた。そうした活力を源泉として、新宿の町は復活を遂げ、発展していくのである。

以後、新宿は江戸・東京の歩みのなかで持続的な発展を遂げ、現在では名実ともに東京の中心となった。平成三年には、丸の内から東京都庁も移転してきた。江戸の都市計画からは外され、幕府によって取り潰された歴史を持つ町に、戦後は新宿副都心という形で都市機能が集中しはじめ、ついには都庁舎までが移転してきたのである。まさに、歴史の皮肉といえるが、見方を変えれば、新宿に何かを求めて集まってきた人々による、この四〇〇年間にわたる有形無形の蓄積が、都庁までも引き寄せるにいたったといえなくもない。鈴木氏の表現を借りれば、新宿こそ、土地の可能性を最大限に利用した町なのである。

新宿という町には人々を引き寄せる磁力があったわけだが、そのもっとも強力な磁力が立地環境であった。何よりも、甲州街道を基軸に展開された物資の流通・循環が、新宿（江戸）の旺盛な経済活動を支え、江戸の発展の大きな基盤となっていた。そして、さまざまな可能性を追い求める人々を新宿の町に引き寄せ続けていたのである。

江戸の西に広がる武蔵野・多摩地域は、甲州街道や青梅街道を通して、江戸と結び付いていた。この産業道路を通して同地域産の生活物資が大量に送られ、大消費都市江戸の都市生活を支えていたが、新宿は甲州街道だけでなく、新宿追分で青梅街道も合流する立地環境にあった。そのため、武蔵野・多摩地域の人と物の流れを一手に引き受ける格好になっていた。

江戸開府のころは、江戸の西方、つまり新宿から武蔵野・多摩地域にかけての地形が平坦であることが、江戸城防衛の観点から問題視されていた。しかし、社会の安定に伴い、逆に平坦な地勢であることが物流の拡大にプラスに働くこととなった。こうして、甲州・青梅街道は江戸の物流を支える基幹道路となった。それに連動して、新宿もその最大級のターミナルとして、重要性をますます高めていった。

新宿は甲州（青梅）街道を通して江戸の社会経済システムの一翼を担っていたが、そのシステムのうえに成り立っていた江戸の資源循環型の社会も同時に支えていた。江戸の都市生活で排出される屎尿（有機肥料）は江戸近郊農業の貴重な肥料となっていたが、新宿は武蔵野・多摩地域の農民の屎尿を積んだ馬が行き交う町であり、馬宿も数多く置かれていた。リサイクル業者である古着屋や古鉄屋も、数多く軒を並べていた。新宿の町は、江戸と周辺地域の間の循環資源を中継・仲介する役割も果たしていたのである。このような宿場町があって、江戸のリサイクルシステムははじめて有効に機能したのである。

物流だけでなく、新宿は江戸の水循環のターミナルでもあった。江戸の人々にとって、玉川上水・神田上水とはまさにライフライン（飲料水源）であり、両上水の水質と水量を維持することが江戸の水道行政の基本とされていた。そのため、上水の流域（武蔵野・多摩地域）全体で江戸の水環境の保全がはかられていたが、両上水の水路を見ると、新宿の町を南北から挟むようにして通過し、江戸の町に入っていく格好になっていた。物資や人間だけでなく、水資源までも、あたかも新宿に吸い寄せられるように、集まってきていたのである。

新宿の立地環境は、寺社の御開帳という江戸の文化・宗教的イベントの賑わいにも大きく貢献していた。新宿のすぐ西にあたる角筈村の熊野十二社には、風向明媚な江戸の名所として、江戸や近郊から多くの人々が癒しを求めて訪れていたが、新宿という江戸近郊の繁華街・行楽地に近いことがその集客力にプラスに働いていた。同社の御開帳はそれを最大限に利用したものであったが、新宿への集客にもプラスに働くという経済効果をもたらしていた。新宿の町と熊野十二社は、いわば持ちつ持たれつの関係にあったのである。

このように、新宿という町の発展は、甲州街道や青梅街道が合流するという立地環境と、それに引き寄せられるように、さまざまな可能性を追い求めて集まってくる多彩な人々の力がもたらしたものなのである。江戸開府以降、四〇〇年にわたるその蓄積が、新宿を東京の中心地にしたのである。

参考文献

第一章

玉井哲雄「内藤新宿の町並とその特徴」『内藤新宿の町並とその歴史』新宿区立新宿歴史博物館　一九九一年

児玉幸多編『日本交通史』吉川弘文館　一九九二年

安宅峯子「甲州への道」『多摩歴史街道』建設省関東地方建設局　一九九二年

上野晴朗「甲州街道起こし立てのころ」『甲州街道』建設省関東地方建設局甲府工事事務所　一九九三年

東京都教育委員会編『歴史の道調査報告書』第三集　青梅街道　一九九五年

東京都教育委員会編『歴史の道調査報告書』第五集　甲州道中　一九九八年

第二章

吉原健一郎『都史紀要』二九　内藤新宿　東京都　一九八三年

児玉幸多『近世交通史の研究』至文堂　一九八六年

特別展江戸四宿実行委員会編『江戸四宿』　一九九四年
新宿歴史博物館編『内藤新宿――くらしが創る歴史と文化――』　一九九九年
新宿歴史博物館編『内藤新宿――歴史と文化の新視点』　一九九九年
河村茂『新宿・街づくり物語』鹿島出版会　一九九九年
北原進『八百八町いきなやりくり』教育出版　二〇〇〇年

第三章

大石慎三郎『大岡越前守忠相』岩波新書　一九七四年
大石学『吉宗と享保の改革』東京堂出版　一九九五年
大石学『享保改革の地域政策』吉川弘文館　一九九六年
宇佐美ミサ子『宿場と飯盛女』同成社　二〇〇〇年

第四章

山田忠雄『一揆打毀しの運動構造』校倉書房　一九八四年
深井甚三『幕藩制下陸上交通の研究』吉川弘文館　一九九四年

第五章

伊藤好一『江戸地廻り経済の展開』柏書房　一九六六年
村井文彦「江戸時代の馬と人をめぐる覚書二」『馬の博物館研究紀要』十一　一九九八年
大石学編『多摩と江戸』けやき出版　二〇〇〇年

第六章

筑波常治『日本の農書』中公新書　一九八七年
新宿歴史博物館編『「柏木・角筈一目屏風」の世界』　一九九〇年
石川英輔『大江戸リサイクル事情』講談社　一九九四年
三橋規宏『ゼロエミッションと日本経済』岩波新書　一九九七年
東京都清掃局編『東京都清掃事業百年史』東京都環境整備公社　二〇〇〇年
原剛『農から環境を考える』集英社新書　二〇〇一年
加藤衛拡「土地の高度利用が生み出した新環境」『江戸時代にみる日本型環境保全の源流』農山漁村文化協会　二〇〇二年
安藤優一郎「首都東京の環境衛生行政」『比較都市史研究』二二―一　二〇〇三年

第七章

伊藤好一『江戸上水道の歴史』吉川弘文館　一九九六年
東京都水道局編『東京近代水道百年史通史』　一九九九年
安藤優一郎「近代都市東京の水源涵養策」『史観』一四六　二〇〇二年
安藤優一郎「近代都市東京における水環境の改善とその波紋」『地方史研究』三〇〇　二〇〇二年

第八章

比留間尚「江戸の開帳」『江戸町人の研究』二　吉川弘文館　一九七四年
川添登『東京の原風景』日本放送出版協会　一九七九年
新宿歴史博物館編『尾張徳川家戸山屋敷への招待』　一九九二年
会田康範「近世の開帳に関する一考察」『近世高尾山史の研究』名著出版　一九九八年
加藤貴「江戸近郊名所への誘い」『大江戸歴史の風景』山川出版社　一九九九年
竹内誠『江戸の盛り場・考』教育出版　二〇〇〇年
川添裕『江戸の見世物』岩波新書　二〇〇〇年
吉田正高「開帳にみる江戸の鎮守と地域住民」『早稲田大学文学研究科紀要』四五・第四分冊　二〇〇〇年

村井早苗『キリシタン禁制と民衆の宗教』山川出版社　二〇〇二年
池上真由美『江戸庶民の信仰と行楽』同成社　二〇〇二年
吉田正高「江戸における鎮守の管理と修験」『歴史評論』六四三　二〇〇三年

終章

鈴木博之『日本の〈地霊〉』講談社現代新書　一九九九年

あとがき

私は昭和三五年から、新宿御苑近くにあった新宿図書館（現新宿区立四谷図書館）で、図書の整理・閲覧業務のパートをはじめました。その後、昭和四七年に新宿区の正規職員となりましたが、自分が生まれ育った新宿への関心から、ずっと新宿区の移り変わりを調査研究してきました。昭和五〇年代には、総計三〇〇〇頁にも及ぶ『地図で見る新宿区の移り変わり』（全六冊）の編集・刊行・販売作業に携わりましたが、新宿区立中央図書館郷土史料担当の学芸員の時、新宿歴史博物館の建設計画に関わってからは、平成元年一月二八日の開館の日まで、日夜、展示資料の収集にあたってきました。第六章で取り上げた「柏木・角筈一目屏風」をはじめ、博物館の展示資料、所蔵資料、そして本書で取り上げた資料の一つ一つが、そういうなかで私が出会ってきた資料でした。

本書は、私が編集した『「柏木・角筈一目屏風絵」の世界』・『内藤新宿の町並みとその歴史』を元に、今まで展示の準備や図録の編集過程で調査してきた成果、そして『新宿区史』執筆の際、活字化できなかったものなどを再構成して、まとめたものです。私は、博物館の展示調査に携わるなかで、その都度、展示や図録という形で、調査の成果を発表することにつとめてきましたが、それだけではとても足りないという思いを持ち続けてきました。今回、その思いを多少なりとも表現したのが、この本です。本書が多くの方々にとって、新宿という町の歩みに思いをめぐらす、ささやかなきっかけの一つにでもなれば、これに勝る喜びはありません。

執筆にあたっては、本当に多くの方々のご協力をいただきました。特に、『新宿区史』や博物館の展示などで一緒にお仕事をしてきた安藤優一郎氏からは、内容や構成の面で有益なご助言をいただきました。

そして、新宿の歩みに深い関心を寄せておられる地域の方々、以前、職場で御一緒でした新宿区役所の職員の皆様方は、出版にいたるまで私を暖かく見守ってくださいました。二年前に脳梗塞で倒れて以来、私は身体が不自由ではありますが、そんな私を娘の真弓をはじめ皆様が支えてくださっていることに、この場を借りて、厚くお礼を申し上げたいと思います。多くの方々が新宿という町に関心を、そして愛着を持ってもらえるよう、これからも新宿の移り変わりについて、書き続けていきたいと思っています。

出版状況の厳しいなか、出版をお引き受けいただいた同成社の山脇洋亮氏にも、末尾ながら深く感謝の意を表したいと思います。

二〇〇四年二月

安宅　峯子

江戸《えど》の宿場町《しゅくばまち》 新宿《しんじゅく》

著者略歴

安宅峯子（あたか・みねこ）

1928年　東京新宿に生まれる。
　大妻女子専門学校経済科卒業の後、新宿区立中央図書館司書、郷土資料担当学芸員として新宿区内の郷土資料の収集にあたる。

1987～89年　早稲田大学大学院文学研究科研修生。

1989年　新宿区立新宿歴史博物館学芸員。退職後も同館研究員として活動。

1988年　『地図で見る新宿区の移り変わり』などで第７回地名研究賞授賞

（主要著作）

「戸山屋敷への将軍御成について」『尾張徳川家戸山屋敷への招待』新宿歴史博物館、1992年

「諏訪の森の詩人」『諏訪の森の詩――高田敏子の世界――』新宿歴史博物館、1994年

『新宿区史』第１巻、1998年（共著）

　ほか

現住所　〒171-0033　東京都豊島区高田１-24-6

2004年４月30日発行

著　者　安　宅　峯　子

発行者　山　脇　洋　亮

印刷者　㈲　協　友　社

発行所　東京都千代田区飯田橋４－４－８
東京中央ビル内
㈱ 同 成 社

TEL 03-3239-1467　振替00140-0-20618

ISBN4-88621-290-5 C3321